河出文庫

ニギハヤヒと『先代旧事本紀』

物部氏の祖神

戸矢 学

河出書房新社

まえがき――隠しきれなかった謎の神

初代天皇は神武天皇というのは日本人の常識である。そしてこのことは『古事記』『日本書紀』の記述に基づいている。

しかし実は、神武天皇が初めてヤマトに到達したところ、すでにそこには統治者がいたと記・紀に明記されているのだ。しかも賊衆の首長などではなく、神武と同じ「天神《あまつかみ》の子《みこ》」であるという。その名をニギハヤヒという。

ニギハヤヒは、天《あま》つ御璽《みしるし》を持っていた。つまり神宝であって、「アマテラスの保証」である。

神武も天つ御璽を持っていた。だからこそ、唯一みずからが統治者たる資格を持つはずと自負していた。それだけに、事実を知って驚いた。

しかしそれならば、先にヤマトを統治していたニギハヤヒにこそ権利があって良さそうなものなのに、ニギハヤヒは、なぜか神武に帰順する。記・紀にはそう書かれている。

なにやら特別な事情が裏にありそうだと、皆が皆考えて何の不思議もないだろう。

しかし記・紀には何の説明もない。

ヤマト統治者の地位を、神武は先輩のニギハヤヒから禅譲された。これによって〝初代天皇〟として即位することとなるのだが、この経緯は誰が見ても不自然であり不可解である。

譲られた地位は、ニギハヤヒが就いていた地位であるのだから、ニギハヤヒも天皇であったことになるし、もしそうでないなら、神武も譲られた地位は天皇ではないことになるのだ。

その真相は何なのか——誰もが知りたいことだろう。私もそう考えて、この探求は始まった。手掛かりは記・紀に匹敵する重要古典『先代旧事本紀《せんだいくじほんぎ》』（旧事紀《くじき》）である。

前著『ヒルコ』で、天皇・皇室の祖、およびヤマト民族はどこから来たかを考察した。西南の方よりはるかに海を越えて遷り来たったことは、神話の形を採って私たちに伝えられている通りであった。

すなわち日本神話の心髄は、ファンタジーなどではなく、歴史的事実を伝えるものであったのだ。

青山なす美《うま》し国は、そうして豊葦原《とよあしはら》の瑞穂国《みずほのくに》になった。

ヒルコの血脈を辿ることによって、日本および日本人の由来を明らかにしようという試みは、ある意味達成されたのではないかと思う。日本建国についての「秘史」を堪能していただけたかと思う。

ただ、前著ではニギハヤヒについての論述は最終章でふれるのがようやくのことであった。そのためにあたかも幕引き役であるかのようなふれかたになってしまった。

しかしニギハヤヒには、単なる幕引き役として片付けることのできない多くの問題が内包されている。

なにしろ彼の従者たちが、その後の日本の主立った氏族の祖とされているからだ。天皇・皇族と、いくつかの有力氏族は、ニニギの系譜から生まれるが、それよりはるかに多くの有力氏族は、ニギハヤヒとその従者の系譜から生まれている。

そしてその融合が、今に続く私たち「日本人」となる。

ニギハヤヒというテーマは、かねてより私があたためていたものであるが、いかんせん資料が極めて少ない。

それでも唯一、『先代旧事本紀』(旧事紀)に独自の記述が見出される。

ただ、本書は貴重かつ重要な資料であるが、比較する資料や対立する資料が皆無に近いため、取り上げかたによっては客観性を欠くことにもなりかねない。だから常に自己検証の姿勢を保持することに意を注いだつもりである。

「ヒルコとは何者か――もう一つの建国神話・前篇」
「ニギハヤヒとは何者か――もう一つの建国神話・後篇」

前著との関係は右のようになるが、さらにわかりやすく言えば次のようにテーマを設定している。

前篇は、ヒルコの謎解き――エビス信仰の真相
後篇は、ニギハヤヒの謎解き――降臨伝承の真相

だから、前著にふれる機会のないままに本書から入る読者のために、本文では一部に前著の要約を挿入している。むろん連続して読んでも邪魔にならない程度に。

本書では、天皇《すめらみこと》のもとに、ヤマト政権が樹立された経緯を解き明かしたい。それは巷間に流布している物語とはだいぶ異なるものだ。

言うまでもないことだが、記・紀は、天皇による日本統一の伝承を記している。表現に微妙な異同はあるものの、基本的にそのために編纂された書であると捉えて誤らない。とくに『日本書紀』はその趣旨が強い。いわばヤマト政権の存在証明書である。天皇に統治者たる証しを与える神話を記し、その神からヤマトの統治者に任命されたとする。

とりわけ神道祭祀に裏付けられた「神宝（神器）」による宗教的保証は、天皇を絶対

化するための精神的文化的根拠になっている。

ところが、そこにこそ決定的な謎も存在している。

その「保証」を最初に与えられた者が当然ながら初代の統治者となるはずである。それが、ニギハヤヒなのだ。

ところが、その有資格者ニギハヤヒは、初代にカウントされていないのだ。

神武天皇はその次に与えられた。つまりあくまでも「二番目」なのに、である。

しかもそのことを記・紀は隠していない。簡潔に事実のみ記している。

この矛盾はなにゆえか。

この国土には、民族・国家が完全にチェンジする、いわゆる革命はなかったとされている。少なくとも天皇が統治者として立って以来、政変はあっても革命はなかった。しかしそれなら神武天皇による建国の前には、別の民族による別の国はなかったのか。ヤマト国は、まったく初めての国家なのか。

その理由を示唆するかのようにニギハヤヒの事績についてはわずかに記すのみで、あたかも名のみの存在であるかのようだ。隠したい、という意図を感ずるのは私だけではないだろう。

しかしそれならば、なぜ、ニギハヤヒの譲位記録をそのまま残したのか。また、記録を残すのなら、なぜその経歴等々を消したのか。——この誤差に、日本建国の謎が秘められている。

それを「隠しきれなかった」と、私は解釈した。

本音は隠したいのだが、完全に隠すと何らかの支障が生じる。それも重大な支障が。

詳細は本編に譲るが、もしも完全に隠すと、歴史上の重要人物が多数消滅してしまうのは間違いない。当然ながら、その多くの子孫も先祖不明になってしまう。もしかすると、あなたも私もその一人であったかもしれない。だから隠すことができなかった。


繰り返すが、神武に譲位した先代がニギハヤヒであると、記・紀には明記されている。これは重大な記述である。

記・紀を根拠として天皇の発祥はあるのであって、それならばなにゆえに記・紀はニギハヤヒを〝初代〟としないのか。


拙著『怨霊の古代史』で「蘇我・物部の抹殺」について記した。

抹殺されなければならなかった理由、すなわち〝犯意〟と、その〝犯人〟を指摘した。

飛鳥という時代は、彼らの活躍した時代であるとともに、彼らが抹殺された時代でもあるのだ。

しかし彼らの血脈は、決して途絶えてはいない。彼らをも生み出した「神の血脈」としてその後も連綿と続いている。

そしてそれがニギハヤヒの血脈であると、まずは指摘しておこう。

本書ではニギハヤヒが何処からやってきて何処へ往くか、解明しよう。

その真相は、日本という国の、そして日本人という民族の由来を解き明かす究極の試みでもある。

謎の神の血脈が、どうやら日本及び日本人のルーツに関わる重要なファクターになっているようだ。この国の歴史の根源の秘密に至る扉は、この血脈を辿ると開かれるようである。記・紀は、この謎を「解いてみよ」と挑戦しているかのようにも思える。

――さあ、いよいよニギハヤヒの登場だ。

著　者

ニギハヤヒと『先代旧事本紀』 物部氏の祖神 ◉ 目次

第4章　鉄器と五穀を伝えた「渡来の道」　紀伊・熊野に根付いたニギハヤヒの血脈　157

ニギハヤヒと『先代旧事本紀』

物部氏の祖神

第1章　神の国から飛来降臨する「天磐船《あめのいわふね》」　ニギハヤヒに発するイワクラ信仰

水のミソギ、火のミソギ

熊野・神倉《かみくら》神社の御燈祭《おとうまつり》は、中上健次が脚本を担当した映画『火まつり』で広く知られるようになった。それまでは、地元以外ではほとんど知る人のない辺境の奇祭であったのだが、以来例年のようにメディアに採り上げられて、いまや祭り好きには一、二を争う人気ともいわれる。

「山は火の瀧《たき》、下り龍《りゅう》」

と新宮節《しんぐうぶし》に唄われるように、夜闇に流れ降る松明《たいまつ》の炎の波は荘厳かつ鮮烈で、見る者の記憶の奥底に刻み込まれる光景だ。

この一夜のために毎年全国から熱烈なファンが集うのだが、どこまでも「男たち」の祭りであることは昔から変わることはない。そう、この日の神倉は女人禁制なのだ。麓の太鼓橋より先は「上がり子」と呼ばれる男たちのみ。女性たちはその外で待機するか、男たちが「火」を持ち帰るのを家で待つ。

神倉神社の御燈祭、通称・火祭りは、上がり子たちが松明を手に五三八段もの急な石段を一気に駆け下りる勇壮な神事として、古くからおこなわれている。その歴史は千数百年余に及ぶ。史書に記録される祭りとしては、わが国最古のものだ。

その石段は自然石を積み上げたもので、必ずしも規則正しく積まれているわけではない。したがって、ただ歩いて上り下りするだけでもかなり神経を使う。それを夜間に松明を掲げて駆け下りるのであるから、参加するには相当な決意が要る。二〇〇〇人を超える上がり子たちの松明は、遠目には流れ落ちるマグマのようでもあり、唄われるように火龍のようでもある。

その様子から、あたかも山の祭りのようであるが、祭りの次第はまず海での禊《みそ》ぎから始まるのだ。上がり子となる者は、王子ヶ浜において下帯一つで身を清める。海のミソギだ。

紀州の南に広がる豊かな海、その熊野灘に身をひたすことで、男たちは熊野神と一体になるのだろう。

ミソギの後はそれぞれ自宅へ戻っていよいよ祭りの準備を整える。

祭りそのものは当日の宵まで待たなければならないが、男たちは一週間前から精進潔斎に余念がない。とくにこの間は「白もの」以外は口にすることを許されず、豆腐、白飯、蕪、大根、そしてどぶろく（または清酒）などが彼らの食卓だけに並ぶ。体内からも清めようという素朴な気遣いである。

この日、上がり子となる者は、白襦袢《じゆばん》に白の手甲脚絆《てっこうきゃはん》、白鉢巻きといった白装束に身を包み、太い荒縄を胴に巻き付ける。巻き付けるのは、三回か五回か七回の奇数回。これは、陰陽道の吉数信仰によっている。

今年も二月六日（本来は旧暦新年六日）、新宮の街には潔斎した上がり子たちが手に手に白木の松明を持って家々から現れた。

上がり子同士は出会えば火灯し前の松明をぶつけ合って挨拶だ。

そして熊野速玉大社に参拝し、次いで阿須賀神社、妙心寺へと巡拝して、神倉神社へ集い来る。それから神倉山中腹の中ノ地蔵に参拝して後に山へ上る。先導は神職と修験者の神倉聖《かみくらひじり》がおこなう。その昔には、神倉聖は斧や鉞《まさかり》を振りかざして上がり子たちを統御したという。この時、すでに夜七時をまわっている。

今年は総勢二三〇〇人もの男たちが上がり子となった。俳優の原田芳雄さんが例年上がり子として参加することでも知られているが、彼も中上健次の縁である。今年（二〇一一年）は息子さんとともに参加した。（＊原田芳雄さんは同年七月一九日に急逝されました。謹んでお悔やみ申し上げます。）

山上において熾《おこ》された火種を、小松明《たいまつ》に灯して神饌とともに社殿に捧げ、祝詞《のりと》奏上。これにより神が松明の火に依《よ》り坐《ま》し、それを迎火《むかえび》大松明に移すと大きく炎が立ち上がる。神威が哮《たけ》り立つ瞬間である。

大松明はすぐに石段を途中まで下がり、そこの中ノ地蔵において上がり子たちの松明にご神火を次々に移す。

　上がり子たちは、火の灯った松明を掲げながら続々と山上に集まり、すべての上がり子が境内に入るとともに出入りの柵が閉じられる。燃え盛る松明でぎっしり埋まる境内は、飛び散る火花と煙とで目も開けていられない状態である。修験道の精進落としと再生の儀式だ。

　そしていよいよ夜八時、祭りのクライマックスである。

　柵が開かれると同時に上がり子たちは一斉に喚声を上げ、堰を切ったように石段を駆け下りる。旧暦新年の真冬の夜であることを忘れてしまうほどの、熱き炎の瀧が流れ落ちて行くのだ。まさに「山は火の瀧《たき》、下り龍《りゅう》」の光景が現出する。

　これは、火によるミソギである。人々の一年の厄災を、炎の瀧が浄化するのだ。

　山頂のイワクラに依り坐した神が、火龍となって降臨する姿を誰もが目にする瞬間だ。山を降った巨大な火龍は、麓からは小さな無数の火の子となって四方八方へと向かうのだ。松明を掲げ持った上がり子たちは、そのままそれぞれの家まで走り続ける。取り分けられたご神火は、そうして家々へ持ち帰られて、新しき歳の煮炊きの火として使われることになる。だから神倉は「火の神」でもある。

▼神倉神社（熊野速玉《はやたま》大社摂社《せつしや》）和歌山県新宮市《しんぐうし》神倉1―13―8
【祭神】高倉下命《タカクラジ》（配祀）天照大神

津波にも動ぜずに屹立する神倉の巨岩

神倉神社は、熊野速玉《はやたま》大社の摂社となっているが、元宮《もとみや》というのが正しい。『熊野大権現熊野速玉大社御由緒』には、こうある。

「神代の頃、神倉山（新宮市西南）に祀られ、景行天皇の五八年（西暦一二八年）に今の処に新しく境内・社殿をつくって移られたので、神倉山の旧宮に対して新宮と称した。」

つまり熊野速玉大社、通称・新宮の祭神である熊野速玉大神《クマノハヤタマノオオカミ》は、初めに神倉に降臨したということだ。新宮は、いわば引っ越し先の〝新居〟である。

神倉神社

また、神倉神社には神職が常駐していないため神札や朱印は熊野速玉大社の社務所で取り扱っているのだが、その朱印には「熊野三山元宮」と記される。

しかし『由緒』によって示されるのは「新宮・速玉大社の元宮」のみである。他の二社、本宮と那智にとくに由来上の関わりはない。

にもかかわらず「三山元宮」とこうあからさまに誇示するのは、神倉の神威がいかに高く別格であったかを傍証するものでもあり、また熊野信仰の三社体制が定まった時すでに速玉が第一に位置付けられていたことをうかがわせる。他の二社は神倉の由来と無関係である。（なお「三山」というように霊地を「山」と呼ぶのは密教系の山号に由来するもので、神社あるいは神道信仰では本来はおこなわれないものだ。熊野には神仏習合の名残が色濃く残っているのだが、これもその一つ。）

本来的には三社の中で熊野本宮が第一であるのだが、それは元々この地に鎮まる神であることによっている。つまり唯一「生え抜き」なのである。

新宮が海辺の開けた土地に鎮座するのに対して、本宮はそこから熊野川を四十キロメートルほども遡った山間にある。この地理関係から、古くは本宮が奥宮で、新宮が里宮であったのではないかという説もある。本宮に対しての新宮、というわけである。

しかし「由緒」にあるように、神倉旧宮に対する速玉新宮というのみならず、もう一つの意味も成り立つ。

すなわち、本宮がより古い神であって、新宮は新しい神である、という意味である。

本宮の神は元々この地に鎮まる神であり、新宮の神はある時、降臨した神である。

「新宮」という呼称にはその両方の意味が体現されているのやもしれない。

そして「本宮」は「本々から鎮まる宮」の意味でもあるだろう。

本来の意味が判然しなくなるのと軌を一にして、三社それぞれの祀り方も時代が下るとともに複雑になっている。詳細は略すが、本宮は十四神、速玉は十九神、那智は十七神を祭神として祀っている。長年に亘る神仏習合や修験道などとの関係・影響によるものだが、この祭神の多さは特別で、熊野信仰の懐の深さを示しているとも言えるだろう。しかし本来は、左に示す主祭神のみを祀るものであった。他の神々はすべて後から合祀されたものである。

▼熊野本宮大社　和歌山県田辺市本宮町本宮
【主祭神】家都御子《ケツミコ》大神
▼熊野速玉大社　和歌山県新宮市新宮
【主祭神】熊野速玉大神
▼熊野那智大社　和歌山県東牟婁郡那智勝浦町那智山
【主祭神】熊野夫須美《フスミ》大神

熊野の本質を知るためには、〝信仰的装い〟に惑わされてはならない。本来は、この三神のみなのである。だから他の神々をここには記さない。それぞれの由来や神威について述べて行くならば、他の数多《あまた》ある熊野についての論考と同様に混沌の渦の中に巻き込まれてしまうだろう。

熊野信仰の歴史的変遷や信仰様相の推移などについて研究するならばそれはそれで重要な作業である。しかし熊野の発祥、原点を知るには、時の経過とともに次から次に重ね着されてきた装いを徹底して排除しなければならない。

そしてその答えが、右に示した主祭神三神である。

さらに本書では、ここからもう一歩踏み込んでおこう。

さらに古くは、本宮と速玉の二社のみであった。那智は並立していない。那智の滝そのものへの畏敬は古来続いているが、具体的な信仰として宗教施設が整えられて、祭祀の体制が成立するのは後のことになる。三社体制が成立したのは、十一世紀後半の、平安時代も半ばを過ぎてからのことだ。三社を「三山」と呼ぶこと自体も比較的新しい。

ちなみに近年（大正期）の絵葉書などでも、もっぱら本宮と速玉の二社を前面に出して、那智の滝は名勝旧跡の扱いになっており、地元での認識を示している。

さてそれでは、那智の夫須美神は、何者か。

『古事記』に熊野久須毘《クスビ》命、『日本書紀』に熊野豫樟日《クスヒ》命とあるのがそれであるという説がある。

しかし出雲国（島根県）にはそれを祭神とする神社が四八社あるが、久須毘、豫樟日、奇比などの祭神名であって、いずれも「クスヒ」であり、「フスミ」に相当する祭神名は存在しない。

また出雲国一宮は熊野大社であるが、熊野大社には「フスミ」はもちろん「クスヒ」も祀られていないし、「クスヒ」を祀る神社は熊野社とは関わりがない。つまり、出雲の「クスヒ」を熊野那智大社の祭神とするのは無理がある。「フスミ」という神名は那智以外には見当たらないところから、「ムスヒ（産霊）」がこの地で転訛したものではないかともされている。

とすれば、本来の神はタカミムスヒかカミムスヒであろう。『古事記』では高御産巣日、神産巣日、『日本書紀』『先代旧事本紀』では高皇産霊、神皇産霊と記す。イザナギ・イザナミの国生み神生み以前にすでにいる神であって、生殖を象徴する観念の神であって、具体的信仰をともなわない。

なお、本宮の祭神は、当初はフスミ神であって、那智が成立する際にフスミ神を遷し、本宮はケツミコ神としたとの伝承もある。

本宮の神「ケツミコ」とは何者か

ところで、この三神には、「意外な共通点」もある。熊野信仰はわが国屈指の古い信仰であるにもかかわらず、実は三神名とも「記・紀」の神話に登場しないのだ。

とくに本宮の神は、まったく独自の神のように見える。

その名は家都御子《ケツミコ》大神（家都美御子《ケツミミコ》大神）と称すが、古くは熊野坐神《クマノニイマスカミ》とのみ称されていた。要するに「熊野に鎮座する神」という意味である。名とは言い難い。

そのため熊野信仰が広まるにともなって、具体的に神威を示す名が求められたのかもしれない。だとすれば、家都御子という名には本宮の神の本来の性格が体現されているはずである。

家都御子とは、女神である。社殿の千木《ちぎ》が内削ぎであることもそれを示しているが、何よりもその名が体現している。速玉大社所蔵の家津御子大神坐像（国宝／平安時代前期）は男性を象《かたど》っているが、神道の分野においては絵画も含めてこういった神像の造形にはあまり意味はない。単なる空想の産物である。それは近現代において日本神話がたびたび漫画化されているものの、そこに描かれる神の姿は作者の数だけ出現するのと何ら変わらない。

日本の神に、具体的な〝顔〟はない。それは、「偶像崇拝」ではないからだ。

これに対して、たとえばキリスト教では教会には神の姿を描いた壁画があって、信仰対象となっている。また、十字架に磔刑となったイエス・キリストの像や、マリアとイエスの母子像などは不可欠な信仰対象である。これは、キリスト教が実は偶像崇拝であることの証左である。

仏教でも、仏像は不可欠で、寺院の本堂には仏陀を始め多くの像が犇《ひし》めいている。とくに日本仏教は世界的にも特異なもので、仏教本来の思想から変質し、仏像を跪拝することによって救済を求めるという、仏像信仰（偶像崇拝）に特化した。

しかし日本固有の民俗信仰——古神道から神社神道——は、自然信仰が原則であって、ついに偶像を持たなかった。山や木や岩を拝み、特定の姿を求めなかった。ただしそれは、仏教が渡来するまでのことであるが。

平安時代になると仏像を真似て神像も造られるようになり、右に紹介した家津御子大神坐像のようなものも造られるようになる。

しかし結局は、限られた範囲の、しかも一過性の風習に過ぎなかったようで、仏教のようにはならなかった。全国の神社の中でも、神像を祀るものは少数に限られている。

それでは神社の本殿には何が祀られているのかといえば、「御神体《ごしんたい》」である。御神体は鏡が最も多いが、他に剣や勾玉など、神の依《よ》り代《しろ》となるものが祀られている。御神体に依《よ》り坐《ま》す神は、姿はなく、「神威」のみがある。ただそれぞれの由緒由来によって、性別・性格・能力などが伝えられ、信仰されている。

本宮の神・家都御子大神（家都美御子大神）も、本来姿のない神である。しかし性別、神威は示唆されている。

「ケツミコ」とは「ケツ・ミコ」で、「ミコ」は巫女であろう。別名の「美御子」が「美」を冠しているところからも女性神を示唆している。

そして「ケツ」とは、御饌津《みけつ》神、御食津《みけつ》神の「饌津《けつ》」「食津《けつ》」であろう。「ケ（饌・食）」は「食物」、「津」は「の」であるから「食物の」という意味である。

食物神は『古事記』では大宜都比売神《オオゲツヒメノカミ》、『日本書紀』では保食神《ウケモチノカミ》、『先代旧事本紀』では大御食都姫神《おおみけつひめのかみ》として登場する。

大宜都比売（大御食都姫）は、本来は大食津比売であろう。つまり「大いなる食物の女神」のこと。

高天原を追放されたスサノヲは、大宜都比売（大御食都姫）のもとを訪れて食物を乞うた。すると、鼻と口と尻からさまざまな食材を出し、料理した。

スサノヲは、それをのぞき見て、汚物を供するものと思い込んで、怒って殺した。すると死体の頭から蚕が、目から稲が、耳から粟が、鼻から小豆が、陰部から麦が、尻から大豆が生えた。（『古事記』『先代旧事本紀』）

保食神は、文字通り「食を保つ神」である。

アマテラスの命によりツクヨミは、保食神を訪れた。すると、陸に向かって口から米の飯を出し、海に向かって口から魚を出し、山に向かって口から毛皮の動物たちを出し、それらを揃えて多くの机に載せてもてなそうとした。ツクヨミは「けがらわしいことだ、いやしいことだ、口から吐き出したものを私に食べさせようとするのか」と怒って、保食神を斬り殺した。

その死体からは、頭に牛馬、額に粟、眉に蚕、眼の中に稗、腹の中に稲、陰部に麦・大豆・小豆が生えた。（『日本書紀』）

受け継がれる「縄文の神」

このように、登場人物は異なるものの、殺された女神から穀物や海山の産物が発生するというストーリーは共通する。

死体から農作物その他が発生するという神話は「ハイヌウェレ型神話」といわれるもので、東南アジア、中南米、アフリカなど世界各地に見られる食物起源神話の型式の一つであって、より古い起源を示唆している。弥生より古き神、すなわち、これは縄文の神である。

ちなみにわが国の縄文時代の土偶は、ほとんどが破片の状態で発見されているが、それは理由があってのこととするのが定説になっている。ただ、その理由には、ケガレを託して破壊することで祓い清める、あるいは人柱の身代わりとする等々さまざまな説がある。

しかし私は、土偶こそはミケツカミであると考える。

土偶は、女性を象《かたど》るものがほとんどだ。しかも、そのほぼすべてが破壊された状態で発掘される。

破壊するために、造っている。そして破壊は、死を意味する。

つまり、殺害することが目的の呪術である。

これこそは先に見た大宜都比売神や保食神、大御食都姫神に共通する食物起源神話そのものである。殺害された女性神の身体から、海山の産物が生まれるのだ。

すなわち土偶は、豊穣祈願の縄文祭祀なのである。

そして、呼び名こそ異なるが、この同一のミケツ神は、縄文の神である。それまでの脈絡に何の関わりもなく登場する神は、少なくとも弥生の神ではなく、ヤマトの神でもない。すでにその以前より存在していたために、畏敬すべき神として取り込まれたものである。

ちなみに稲荷神社の稲荷神も、稲の神・穀物の神であるところから、御食津神に擬せられて、「ミケツカミ」→「ミキツネガミ（三狐神）」との俗信が生まれた。狐を神使とするものや、油揚げに詰めた鮨を「稲荷鮨」と呼ぶのも元はと言えばその俗信から発している。

稲荷神は、渡来氏族・秦《はた》氏の神であるが、すでにそれ以前より京都稲荷山にはミケツカミが祀られていたのだろう。

渡来の秦氏は当然ながら自領を持っていないが、朝廷への貢献によって稲荷山を得ることになる。そして氏神の稲の神を祀る。

稲荷山は古くから荷田《かだ》氏の奉斎する聖地でもあった。荷田氏とは、国学者・荷田春満《あずままろ》も子孫に連なる古代氏族である。秦氏はそれを承知の上で、そこに氏神を重ね合わせたのではないか。このように、「縄文の神に弥生の神を重ね合わせる」ことは、多くの古社に見出されるものだ。

熊野神・家都御子大神とは、ミケツカミのことであり、この地で古来信仰されて来た縄文神のことだろう。

熊野川の化身であり、流域に恵みをもたらし、さらに熊野灘へ注いで海の恵みともなる。つまりケツミコとは、この神の能力を示す神名だ。熊野坐神《くまのにいますかみ》に何か特別な名を奉ろうという自然の成り行きがそれを生み出したものだろう。

しかし、しいて本来の神の名を特定するならば「くまの（隈野）」あるいは「くまぬ」であろう。すなわちその土地の呼び名である。

熊野の語源にはいくつかの説があるが、おおむね一つの方向に収斂している。

『古事記伝』は、「クマ」は「コモリ（隠）」の義、としている。

『古史通或問《わくもん》』は、「カミノ（神野）」の転、としている。

すなわち熊野の正体は、神の隠れし国＝「黄泉の国」である。

「熊野は紀州ばかりでなく、出雲にもある。しかしこれも一方から他方へ移ったというのでなく、死者の霊魂が山ふかくかくれこもるところはすべて〈くまの〉と呼ぶにふさわしい。出雲で神々の死を〈八十《やそ》抱手《くまで》に隠りましぬ〉と表現した〈くまで〉、〈くまど〉または〈くまじ〉は死者の霊魂の隠るところで、冥土の古語である。これは万葉にしばしば死者の隠るところとしてうたわれる〈隠国《こもりく》〉と同じで、熊野は〈隠野《こもりの》〉でもあっただろう。／熊野は中世には浄土信仰のメッカになるが、これも〈死者の国〉を仏教の〈浄土〉におきかえたまでである。」（五来重『熊野詣』）

熊野という地名は、紀伊のみに由来するものではない。浅間《あさま》という地名が、やはりそうであるように。

ちなみに富士山本宮浅間大社が富士山を祀ることから、一般に浅間を富士としているが、浅間は火山の古語である。長野と群馬にまたがる浅間山も、火山活動がひときわ活発であることによってそう呼ばれたもので、富士山とはとくに関係はない。

なお、九州の阿蘇も語源は浅間であろうとされるが、むしろ逆ではないか。阿蘇山の噴火は富士より古く、しかも大規模であった。それゆえに、「アソ」は火山の代名詞となり、「アソ＋ヤマ」→「アソヤマ」→「アサマ」となったものであるだろう。

富士山の神の名は浅間大神（富士大神）であるが、このように、熊野の神の名も土地の呼び名がそのまま神の名になる。最も古い形の神名である。縄文の神は、このように弥生の神の名の陰に隠されているのだ。

神仏習合こそは人為的

熊野信仰は神仏習合の典型で、七世紀以降に進められた仏教との一体化はとくに那智ではなはだしかった。明治の神仏分離でだいぶ復元されはしたものの、それでも現代人を惑わせるだけの要素は残ってしまっている。

なお、明治の神仏分離を〝人為的〟と非難する人もいるが、そもそも七世紀以降の数百年間におこなわれた神仏習合＝仏教化こそは人為的であって、熊野信仰を仏教と習合させる必要などなかったのだ。

宗教研究者の一部に、神仏分離以前のありようをこそ研究すべきだとの主張があるのだが、それを言うなら、そのはるか以前の神仏習合以前のありようをこそ究明し研究すべきであるだろう。そして本書が企図しているのはまさにその点にある。神仏習合以前、すなわち六世紀の仏教渡来以前の熊野の姿を復元させなければならない。それがなければいくら研究しても本質に至ることは難しいというものだろう。

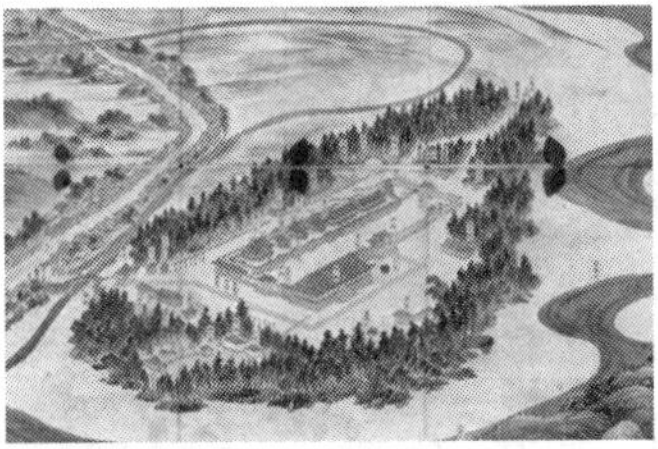
大斎原に鎮座していた熊野本宮大社図
（熊野本宮大社所蔵）

熊野信仰の原点は、依り代としての川と滝と岩である。

ここに仏教の入り込む余地はない。

したがって本来の祭神も次のように各一神のみが正しい。

熊野本宮大社は、家都御子神。

熊野速玉大社は、速玉神。

熊野那智大社は、夫須美神。

すなわち本質の研究は、これら三神についておこなうのが第一義となる。

家都御子神は阿弥陀如来、速玉神は薬師如来、夫須美神は千手観音とする本地垂迹説などは、七世紀以後に誰かが勝手に付会したものであって、それ以前の熊野の由来や歴史とは何の関係もないと知るべきだろう。また、後から合祀された数多くの神々も、熊野三社の成り立ちとは無関係であろう。信仰の本質を知るためには、ここまで遡らなければならない。

ちなみに、このことは全国の古社すべてについて言えることである。

ただし、中世以降に、神仏習合がおこなわれてから後に勧請された神社についてはこの限りではない。神仏習合されたことを前提として信仰され、かつ勧請されたものであるならば、信仰の当初からそういう性質のものであるからだ。そういう新しい神も決して少ない数ではないし、私の研究対象とは無縁であるが、そこにも確かな信仰があるのは言うまでもないだろう。

したがって、全国に約三〇〇〇社ある熊野神社も、その鎮座がいつかによって信仰内容は異なることになる。また、たとえ勧請鎮座が古くとも、本社に倣ってほとんどは神仏習合形態に変更されているので、その見極めも必要になる。

「社殿のない神社」に熊野の本質が

熊野とケツミコ神の由縁は、熊野の上流、十津川・玉置神社にも手掛かりがありそうだ。

▼玉置《たまき》神社（通称　玉置さん）奈良県吉野郡十津川村玉置川1
【祭神】國常立尊　伊弉諾尊　伊弉冊尊（配祀）天照大御神　神日本磐余彦尊
▼三柱《みはしら》神社（玉置神社境内社）奈良県吉野郡十津川村玉置川1
【祭神】倉稲魂神　天御柱神　國御柱神

玉置神社の摂社である三柱神社の祭神は、古くは三狐神《ミケツカミ》と称していた。三狐とは天狐・地狐・人狐であって、新宮の飛鳥（阿須賀神社）が本拠であり、その本地（垂迹説に基づく正体のこと）は極秘であると『玉置山権現縁起』に記される。

本地垂迹説や権現思想はしょせん後付けにすぎないが、その論拠に「飛鳥由来」を伝えている点には注目しなければならない。

熊野神発祥の地である飛鳥（阿須賀）は熊野川河口にあって、そこから遡上すると熊野本宮、そして玉置神社に至るのだ。この地理的関係は熊野神ケツミコの正体がミケツカミであることの一つの証左ともなるだろう。ミケツ神、すなわち五穀の神は、五穀の種子を紀伊の地へもたらした五十猛《いそたける》神であって、それをミケツ神とも称していた証しであろう。

飛鳥に鎮座する阿須賀神社こそはこの地の開発に関わる神であるとはすでに前著『ヒルコ』で紹介したが、そもそもは古墳を拝するために社殿が設けられたものだ。そしてこの墳墓には、まさに〝熊野神〟が埋葬されているはずで、それが熊野信仰の原点であるだろう。

ところで、この玉置神社の末社に玉石神社、白山社があるが、いずれも社殿がない。神社由緒でも原始信仰の形態と説明している。

このように熊野には社殿のない神社が少なくない。熊野信仰の基層に自然崇拝があるからで、縄文由来の信仰と、弥生由来の信仰が融合した痕跡を見せてくれる。

たとえば那智の飛瀧《ひろう》神社は瀧そのものを御神体としていることであまりにも有名だが、そもそも本宮は熊野川そのものを御神体とすると考えられるし、速玉は神倉のゴトビキ岩が御神体である。つまり熊野三社はすべて自然信仰が基層にある。

このような古い形の神社が熊野には少なからず存在していて、それが熊野信仰の本質を知る上できわめて重要である。ここに主な神社を紹介しておこう。

ねんねこ祭りで知られる串本の木葉神社には、社殿を造ると火事で焼失してしまうという由緒がある。

イザナミの墓所と伝わる花窟《はなのいわや》神社は高さ七〇メートルの岩壁で、社殿等はまったくない。

司馬遼太郎が『街道をゆく』で社殿のない古神道の神社と紹介した河内神社は、古座川に浮かぶ河内島そのものを御神体としている。

古座川は、本来は祓川という名であったのだが、近年に古座川と変えられた。本来の名にふさわしく、流域には古代祭祀遺跡が少なくない。祓の宮は、まさにその典型で、社殿はなく、祓川そのものを祀っている。

この他にも、熊野は磐座《いわくら》を祀る神社が多くあって、なかでも丹倉《あかぐら》神社（熊野市）や天龍大神（新宮市）、稲荷神社（新宮市）、神内《こうのうち》神社（紀宝町）などは、磐座のみを祀って社殿がない。

▼飛瀧《ひろう》神社（熊野那智大社境内社）和歌山県東牟婁郡那智勝浦町那智山1

【祭神】大己貴命

▼木葉《このは》神社（通称　ねんねこの宮　祢んね古乃宮）和歌山県東牟婁郡串本町田原551

【祭神】木花咲耶姫（配祀）応神天皇・神功皇后・竹内宿禰

▼花窟《はなのいわや》神社　三重県熊野市有馬町上地130

【祭神】伊弉冉尊

▼河内《こうち》神社　和歌山県東牟婁郡古座川町

【祭神】古座川の神霊（素戔嗚尊）

▼矢倉《やくら》神社　和歌山県東牟婁郡串本町高富429

【祭神】高倉下命（配祀）倉稲魂命

▼祓の宮　和歌山県東牟婁郡古座川町月野瀬
【祭神】瀬織津姫
▼丹倉《あかぐら》神社　三重県熊野市育生町赤倉
【祭神】髙倉下命　近藤兵衛
▼天龍大神《てんりゆうおおかみ》　和歌山県新宮市南檜杖
【祭神】天種子命《あめのたねこのみこと》
▼稲荷神社　和歌山県新宮市熊野川町日足
【祭神】御饌津神
▼神内《こうのうち》神社（通称　子安神社《こやすじんじゃ》）三重県南牟婁郡紀宝町神内958
【祭神】天照皇大神　天忍穂耳尊　瓊瓊杵尊　彦火火出見尊　鵜草葺不合尊

これらはやはり、縄文の信仰を引き継ぐ古式の姿であるだろう。古神道の祭祀場と言っても良い。これらの「社殿のない神社」のみを巡拝すると、壮麗な社殿建築を参拝するのとはまったく別の次元で、見えて来るものがあるだろう。

熊野の謎は「速玉神」に

熊野信仰はいくつもの謎に包まれており、とりわけ主祭神に謎があると指摘して来たが、その究極の謎は、速玉神にある。

那智のフスミ神も、本宮のケツミコ神も、いずれも正体を求めれば日本神話の冒頭に登場する神であって、観念の姿である。

しかし速玉神は、どうやら観念の姿ではなく、具体であるようだ。

速玉神とは、何者か。神倉山に降臨し、新宮に遷ってからは、本宮を凌ぐ勢いとなる。朝廷から奉られる位階も常に本宮より高位であって、さながら熊野国の中心であるかのようになった。その理由は、何か。

ところで、速玉神が新宮に引っ越して後は、神倉山には別の神が祀られている。その名を高倉下《タカクラジ》神という。

神倉神社の創建は一二八年頃とされているが、さらに古い伝承もある。『日本書紀』には、神武天皇が国見のために登った「天磐盾《あめのいわたて》」が神倉のゴトビキ岩であると記される（個人的には、花窟のほうが天磐盾に似つかわしいと思うが）。この時に高倉下命がアマテラスより下しおかれた神剣を捧げ奉り、その神剣の霊験によって熊野から大和を制圧したとする。

この時、道案内に立ったのが八咫烏《やたがらす》である。

また、この神剣こそは韴霊剣《ふつのみたまのつるぎ》である。建御雷神の分身であり、経津主神の化身であるとも伝えられる神剣・霊剣である。佐士布都神、甕布都神、布都御魂であるとも伝えられる。

速玉神が最初に降臨した場所は神倉であるとしている。ということは、速玉神の正体とは韴霊剣＝布都御魂大神《ふつのみたまのおおかみ》であるということになる。これは、物部氏の氏神である、石上《いそのかみ》神宮の主祭神である。

▼石上神宮　奈良県天理市布留町384
【祭神】布都御魂大神（配祀）布留御魂大神　布都斯魂大神　宇摩志麻治命　五十瓊敷命　白河天皇　市川臣命

なお、神倉神社の祭神は高倉下神のみとなっているが、これは誤りである。これもまた富士山と似ているのだが、本来の主神に仕えて奉仕した神が前面に出ている。そもそも神社において降臨した神そのものが祀られていないなどということは、ありえない。

神倉神社は古くから壮麗な社殿や社務所が設けられていたのだが、明治三（一八七〇）年に台風で倒壊。その後、放置されて、廃祀に等しい状態になっていたので、社殿再建の際にこのようなことになったと思われる。

したがって、正しくは、
▼神倉神社

【祭神】熊野速玉大神（または布都御魂大神）（配祀）高倉下神であるだろう。ぜひ、早期に改めていただきたい。

高倉下とは、高きにあるイワクラ（磐座・岩倉）のもとに仕える者、の意である。なお、布都御魂を速玉という名に置き換えた謂われは、次に少し詳しく述べる。

「速玉」という神

ところで「速玉」を名乗る神社は全国にどれほど存在するだろうか。これほどに古く由緒ある神社であるから、さぞ広く各地に勧請されているのかと思いきや、驚くほど少ない。その数、わずかに一三社。本社を含めても一四社にしかならない。

ただ、熊野社は三社一体として「熊野神社」等の呼び名で勧請・鎮座しているものがほとんどなので、そこには必ず列坐されている。その数は一九〇〇社余に及ぶ。

祭神名は次のようになっている。

速玉
速玉男
速玉之男
速玉緒

速玉彦
速魂男
速魂雄
早玉
早玉男
早玉之男
早玉雄

ちなみに「那智」を名乗る神社も一〇社にすぎない。那智の滝があっての那智大社であるから、当然と言えば当然だが、速玉大社ともどもきわめて限定的な信仰対象であると思われる。したがって全国の熊野社の本質は、三社の第一である熊野本宮大社の分霊ととらえるのが妥当だろう。もしくは、神仏習合の後の、本地垂迹説に基づいた信仰である。それ以前の本来の神、原型となった信仰からは遊離している。

なお、速玉神は、イザナギの吐いた唾に化生した速玉之男《ハヤタマノヲ》であるとする説もあるが、漢字表記が似ているにすぎない。その由来は熊野と何の関わりもなく、なによりも名のみの端神であって信仰対象とならない位置付けである。

高倉下命と速玉神の関係は？

速玉大社は、神倉神社が元宮であると、すでに紹介した。

ということは、神倉に祀られていた神が、新宮・速玉に勧請されたか、遷御されたかいずれかということになる。

ところがその根本に疑義を持たせかねない事実がある。

神剣を巡る祭祀について、神倉と速玉の両社を検証すると、その定説が覆るような矛盾が見えて来る。

その一つ目は、祭神および神体である。

高倉下は、アマテラスより授けられた韴霊剣《ふつのみたまのつるぎ》をイワレヒコ（神武天皇）に捧げた。この神剣の霊力によってイワレヒコ軍は蘇り、長髄彦軍を打ち破ることができたというわけだ。つまり、神倉に降臨したのは韴霊剣（布都御魂大神《ふつのみたまのおおかみ》）である。

速玉は際立って宝物の多いことで知られている。

とすれば、当然その神宝類の中心は高倉下がイワレヒコ軍を助けるために捧げた韴霊剣であるはずだろう。それこそが、すなわち速玉大神と呼ばれる主祭神であらねばならない。だからこそ、速玉神は神倉に降臨したとの伝承があり、神倉神社は速玉大社の元宮であるとされるのである。

しかし、師霊剣は速玉大社にはない。

速玉が神倉から発したのであるならば、師霊剣が速玉に御神体として祀られていないのはありえない、否、あってはならないだろう。

二つ目は、それぞれの祭祀である。

二河良英氏は『日本の神々』の中で重要な指摘をおこなっている。

「一般に神社の社殿は神体山や磐座を背にしているか、それに近い状態にある。ところが新宮の場合、社殿は南面し、ゴトビキ岩はその西南にあって途中を山がさえぎり、新宮の社地からまったく見ることができず、また特別な方位関係も今のところ見いだせない。

第二点として、新宮の例大祭は神馬渡御式と御船祭からなり、前者は主祭神、後者は準主祭神の大祭といわれながら、いずれも神倉神社とはまったくかかわりのない祭典となっている。また、社地が河岸にあることと御船祭の性格などから推して、新宮は熊野川の水神にかかわりの深い神社と考えられるが、熊野川とゴトビキ岩とを関連づける伝承等はとくに見当たらない。」

速玉神は新しき神？

神倉と無関係であるならば、速玉大社が現地に鎮座する謂われはないことになる。まして後付けの本地垂迹説などは論外で、勝手に由来を創るのなら、速玉神はインドからやって来ようが、エルサレムからやって来ようが何とでもできるだろう。しかしそのような〝創作〟に何の意味があるだろう。

速玉社は現にこの地に古くから鎮座しているわけであって、しかも本宮よりは新しいようだから、本宮に対する新宮で何の不都合もない。熊野川を信仰対象とする点で祭祀も共通するし、なによりも熊野川の上流と下流の位置関係は上社と下社として典型を形成している。

これに対して、神倉と速玉の違いはさらに深く、あえて言えば、神倉は縄文の神、速玉は弥生の神であろう。

そして熊野信仰の古型は、もとは神倉、那智、本宮の三社であろう。速玉大社は本宮の里宮として唯一後世の成立と考えられる。

ただ、速玉神という新しい神を祀って、当社は特別な地位を得た。本宮本来の神ケツミコは素朴な食物の土俗神であって、朝廷に対する権威はない。しかし速玉神は「特別の神威」をもつ神であるから、大いに畏怖尊重された。

古き神とは、神奈備《かんなび》であり神籬《ひもろぎ》であり磐座《いわくら》である。

新しき神は、古き神を畏れた気配がある。古き神を殺し、その聖地を奪い、その上に覆い隠すように新しき神を祀った。

社殿建築は新しき神を祀るための施設である。本殿には剣や鏡を神体・依り代として納め、拝殿にて参拝する。これが新しき神の祭りである。剣は新しい神、新来の神である。鏡も新しい神である。

これに対して古き神は、社殿を持たなかった。山を拝し、森を拝し、岩を拝した。それらがまさに神体であり依り代であったからだ。


それではなぜ「速玉」なのか。速玉神の「神威」とは何か。

隕石が地球を変えた

ところで、このたびの東日本大震災はおそるべき大災害であって、筆舌に尽くしがたい悲劇であった。被災者の方々にはこの場を借りて心からお見舞い申し上げたい。

これほどの被害をもたらした直接の脅威は津波であったが、津波は地震の結果であるのはいうまでもない。

それでは地震の原因は、と言えば、このたびの震災は大陸プレートの移動・破壊によるものであった。

しかし、歴史的・世界的には他にもいくつかの原因がある。

かつて、全地球上の生物相を一変させる大地震・大津波があった。その時に、かの恐竜たちが滅亡し、まったく新たな生命相が地球上に出現することになったのだが――。

実は最大の地震は、プレートの移動でもなければ、噴火でもない。

最大の脅威は空から降って来るのだ。そしてそれは科学の常識である。

地質年代区分の用語に「K－T境界」というものがある。知る人ぞ知る、〝魔の境界〟だ。

今から約六五〇〇万年前の、新生代と中生代の境界を意味する。

さてそれでは、その時に終焉した「中生代」とは、どんな時代だったかというと、ご存じ「恐竜たちの時代」である。映画『ジュラシック・パーク』そのままの世界がこの地球上に展開していたのだ。もちろん人類は、まだ生まれてもいない。

恐竜たち――正確には陸上の恐竜、海中の首長竜、空中の翼竜などの大型爬虫類は、三畳紀に大型化が始まり、中生代のジュラ紀にピークを迎える。

しかしその時、突然、巨大な隕石が地球に落下。直径一〇キロメートルもの隕石は、想像を絶する衝撃を地球にもたらした。

巨大津波は全世界の沿岸部を壊滅させ、舞い上がった大量の塵は大気に充満して太陽光を遮断し地表は一転寒冷化する。

この激変によって、長く地上に君臨してきた大型爬虫類はすべて絶滅した。この時、全生命体の約七〇パーセントが死滅したとされる。

地球上に生命が誕生して以来、何度かの大量絶滅事件があったが、これが最後のものだ。少なくとも現時点では――。

その巨大隕石が落下したのは、現在のメキシコ、ユカタン半島北部の地、チクシュルーブであった。そこには直径一〇〇キロメートル以上、深さ一五～二五キロメートルにも及ぶクレーターが確認されている。チクシュルーブ・クレーター（Chicxulub Crater）が発見されたのは、一九九一年のことである。ほんのこの前のことだ。それまで人類は、このような大事件があったことを知らなかった。

日本の隕石事件

記・紀および『先代旧事本紀』には、いわゆる「星神」についての記述はほとんどない。天津《あまつ》甕星《みかぼし》とかの名を挙げるのみだ。

しかし全国の神社にはむしろ「星神」伝承は数多く、また「星神」を祀る神社も少なくない。なにしろ「星」を冠した神社名もかなりの数に上るのだ（星宮神社、星神社など四〇〇社余）。その他にも妙見神社や北辰神社など、星を祀る神社は多数に上る。一大勢力を形成しているといってよい。

日本神話に登場しない星神信仰が実際の信仰施設においては多数に上るという事実は、日本神話とは別の系統の信仰が古くから広く深くこの国にあることを証明していることになる。これが何を意味するかは、別の機会に論じたいと考えているが、日本神話の成立より古いか、少なくとも同時代には成立している。したがって、後発だから神話に取り込まれなかったということにはならないので、別の意図があったことは確かであろう。

そして、これらの星神信仰の地には、「降星伝承」が少なくない。つまり、「隕石が降ってきた」という伝承である。

日本の隕石で最古のものと確認されているのは「直方《のおがた》隕石」である。福岡県直方の武徳神社（現・須賀神社）境内に落下したものだ。境内に祈念碑が建てられているので、碑文の一部を紹介しよう。

「平安時代の始め、貞観三年（八六一年）四月七日の夜、境郷一帯が突然真昼の明かさにも増して光り輝いたかと思うと、本社境内で激しい爆発音がおこりました。

翌日、深くえぐられた土中から黒く焦げた石を掘り出し、天から飛来した石として丁寧に桐箱に納めて保存したということです。

このような伝承と共に今に伝えられてきたのが須賀神社（岩熊家）の直方隕石であります。

昭和五十六年、国立科学博物館の理化学研究部長・村山定男氏等の鑑定により、それまでの世界記録を六三〇年も上回る『目撃記録を伴う世界最古の隕石』として確認されましたが、このことは、とりも直さず当須賀神社の歴史の古さを物語るものであります。」（「世界最古　直方隕石之碑」）

▼須賀神社　福岡県直方市大字下境1245

【祭神】素盞嗚尊（配祀）保食神　吾勝尊

直方隕石は、重量四七二グラムの石質隕石である（鉄質ではない）。五年に一度、十月の神幸大祭において一般公開される。実に一一五〇年も前に空から降ってきたものである。古代人が神の降臨とつなげて考えても不思議ではない。

隕石と信仰の関わりで古くからよく知られているのは妙見信仰であろう。妙見菩薩とは北極星のことであるが、別名の鎮宅霊符神とともに道教・陰陽道に由来する。

一〇世紀以前のことになるが、大阪の能勢《のせ》に手鞠ほどの大きさの「星が降った」という伝承がある。星神が巫女に降神して告げるには、われは北辰大菩薩であり、国土守護のために降臨した、清浄な地に祀れ、とのことであった。そこで能勢の者たちは現在の妙見山にあたる地に御神体である隕石を遷し祀ったという。

能勢妙見山は現在は日蓮宗の寺院となっているが、神仏分離前の鳥居が今も残っている。

▼能勢妙見山（通称　妙見宮）大阪府豊能郡能勢町野間中661
【本尊】妙見大菩薩（鎮宅霊符神）

また、大阪府交野《かたの》市の小松神社には、やはり「星が降った」という伝承があり、北斗七星を信仰している。

主祭神の天之御中主大神は北極星の神格ともされている神であるが、当社の伝承には弘法大師が弘仁年間（八一〇～八二四）にこの地を訪れた時に、七曜の星が降り、うち三つが地に落ち、その一つがここであるとされている。

▼小松神社（通称　星田妙見宮）（星田《ほした》神社境内社）大阪府交野市星田6―50―1

【祭神】天之御中主大神　高皇産靈大神　神皇産靈大神

小松神社から東南へ三キロメートルほど上がったあたりの天野川渓谷に鎮座する岩所《いわところ》神社は、巨岩を御神体とする「磐座信仰」で知られている。

この磐座は舟型をした巨岩で、高さ約一二メートル、長さ約一二メートルにも及ぶもので、天野川を跨ぐように横たわっている。古くから「天の磐船」と呼ばれている。ニギハヤヒ神話でひときわ異彩を放つ「空飛ぶ船」である。ニギハヤヒは、天の磐船に乗って天空より飛来したのだ。

空からこの国を眺めて「虚空《そら》見つ大和国」とニギハヤヒが発したのはあまりにも有名だが、そうして降り立ったのが河内国河上の哮峯《いかるがのみね》であったと伝えられる。

ちなみに当社は、交野一帯に勢威をふるっていた肩野物部氏の氏神である。

▼岩所《いわところ》神社（通称　磐船《いわふね》神社）大阪府交野市私市9―19―1
【祭神】饒速日命《ニギハヤヒ》

巨大な磐座を、古代の人々はニギハヤヒの天の磐船の一部と考えたようで、つまりそれは空から飛来した巨岩、すなわち隕石のことである。天の磐船が飛来する隕石を暗示していることは、この一帯に隕石落下の伝承があり、とくにニギハヤヒ降臨地と記されている「河内国河上の哮峯」に落下する様子は多くの目撃者がいたことだろう。神話の誕生とは、しばしばそうしたことに由来する。

河内には、ニギハヤヒの天の磐船を祀る神社がもう一つある。神社由緒に「ニギハヤヒが天の磐船に乗ってこの地に降臨した」との伝承が記されている。由緒に基づいて背後の山を哮峯と呼んでいる。

ニギハヤヒの降臨地であるかどうかはともかく、境内地に磐座が多くあり、哮峯は神奈備の姿であるところから、古くから信仰の地であったことは確かだろう。

▼磐船大神社《いわふねだいじんじゃ》（通称　樛宮《とがの》）大阪府南河内郡河南町平石484
【祭神】天照國照彦天火明櫛玉饒速日尊　天照大神　高皇産靈神（配祀）表筒男命　中筒男命　底筒男命　應神天皇　可美眞手命　御炊屋姫命　大山祇命

イワクラとは何か

右に紹介した以外にも隕石伝承は全国各地にあって、いずれも磐座信仰と直結しているのが特徴だ。

つまり、天空から降臨した神、である。

隕石は神の乗り物であって、その残片は、神の依り代であるとされた。したがってその多くは御神体として祀られ崇められたのだ。

それでは、そもそもイワクラとは何か。磐座、岩倉、石鞍などと表記されるが、単なる岩や巨石がすべて磐座というわけではない。「クラ」とは神の座であって、それだけ特別の岩であることが条件となる。神の依り代に相応しいと、多くの人間が感じること。それは古神道の依り代である「神奈備《かんなび》」や「神籬《ひもろぎ》」と同様だ。

日本列島にはその地理風土の特性から山岳は数多いが、多くの山岳の中でも際立ったたずまいのものを神奈備と呼んで信仰する。神の山である。

また、いたるところにある森や林のなかでも、特別の気配を込めるものを神籬と呼んで信仰する。神の森である。

これらと同様に、他を圧するかのような岩、特別な力が加わったからこその姿・たたずまいと見える岩――それを磐座と呼んで信仰する。神の岩である。

本書冒頭で紹介した神倉神社のゴトビキ岩は、海辺の平地・新宮を見下ろすように浮かんで見える。海抜八〇メートルの絶壁の、その天辺に鎮座する巨岩は、あたかも天空に浮かぶ星のようだ。この岩がもし天空より飛来したものであるならば、それに乗る者は神をおいて他にないだろう。たまたま神倉神社と呼ばれているが、ここが磐船神社という名で呼ばれていても何の不思議もないだろう。

なお宇佐神宮の磐座のように、複数の岩が並列するために、その数に拘泥する説もあるが、不毛な議論であろう。宇佐神宮の御神体は、奥宮・御許山《おもとやま》山上の三つの巨石である。これをもって宗像《むなかた》三神になぞらえる説があるが、付会にすぎない。

宇佐の祭神が三柱であるのも、むしろ御許山の磐座三体に合わせたものと考えるべきだろう。おそらくは比売神のみの信仰であったはずで、後世に応神天皇と神功皇后が加えられたものだろう。もともとの宇佐の信仰にこの二神は関わりはないのに、あたかも最初から三神一組であったかの如く思わせるところに、むしろ陥穽があると知るべきだ。比売神の由来と、他の二神の由来とはそもそも時代がまったくかけ離れていて、合同で祀る必然はない。それが宇佐信仰の原型だ。

山中に忽然と現れる巨岩を見て、古代の日本人が「何処からか飛来したのではないか」「天から降って来たのではないか」等々と考えて不思議はない。イワクラは神の乗り物なのだ。ニギハヤヒ降臨伝承の真相は、そういうところにあるのだろう。

ニギハヤヒが天の磐船に乗って降臨した地は、河内国の河上の地（大阪府交野市）、そしてその後大和国（奈良県）に移ったと記されている。ということは、高千穂に降臨したニニギの天孫降臨説話とは別系統の神話であろう。

この摩訶不思議な乗り物は、人知では飛ぶことなどありえない巨岩を飛んだとすることによって、神たる奇跡の象徴となしたのだ。他にまったく類例がないのは、この時この神の降臨が、それだけ特別であったことを意味している。この「事件」は、歴史の結節点なのだ。

「交野」の地は、後世に桓武天皇が郊祀《こうし》をおこなって〝天命〟を受ける場所となるのだが、ニニギの直系である桓武天皇が、なにゆえニギハヤヒの降臨地において〝天命〟を受けようとしたのか。そこには、天の磐船という神の乗り物が、天空より飛来したということに理由がありそうだ。

隕石伝承

巨大な火の玉が突然天空から落下して、大地を震動させる。小さなものはさほどの衝撃もないが、その代わりに目撃する機会も少なくなかったことだろう。

しかし稀に、巨大な隕石が降下する。そしてその結果は、恐るべき災厄となる。こちらは目撃する機会は稀有なので「伝説」となる。

隕石がどういうものか、とくに落下した後どうなるかを知らなかった古代の人々は、当然そこに存在するものと考えて、山中深く分け入って探しに探したことだろう。探索は、落下伝説を継承したはるか後世になってもしばしばおこなわれたに違いない。伝承を信じる〝宝探し〟は、いつの時代にも人々を駆り立てるのだ。

そしてある者は焼け焦げた塊の隕鉄をみいだして、剣を造った。

いわゆる「隕鉄剣」は、日本にも諸外国にも実際に存在する。たとえば幕末の梟雄・清河八郎の佩刀「九星剣」も、隕鉄から鍛造されたものとして知られている。他にもいくつかの隕鉄剣が伝わっているが、古代に鍛造された神剣宝刀にも当然あったと思われる。ツタンカーメンの王墓からも隕鉄剣が発掘されている。

隕石（隕鉄）から鍛造された刀剣は異様に重い。また、研磨すると、隕鉄特有の紋様が表面に浮き上がってくる。その紋様はさながら「龍」が天を翔けるさまに似ているところから「龍紋」と呼ばれている。

東大宇宙航空研（現・宇宙科学研究所）の知人からもらった隕石

しかしてその中のいくたりかの探索者は、それらしき巨石と出会うことになる。

むろんそれは隕石などではなく、もとから地上に存在する岩石にすぎないのだが、古代の人々には判別する知識も能力もない。日本列島は火山帯という構造上、単独の巨石があちこちにあるのだ。——これが、磐座の起源の一つであり、ニギハヤヒは名付けに際して、これをシンボライズしたと思われる。

ニギハヤヒという神は謎に満ちた神であるが、その詳細は次章で述べることにして、ここではその神名についてのみ触れておこう。

その表記は、聖典三書それぞれで次のように記されている。

邇藝速日命（『古事記』）
饒速日命（『日本書紀』）
天照國照彦天火明櫛玉饒速日尊（『先代旧事本紀』）

いずれの神名表記にも共通するのは「速日」のみである。つまり「速日」こそがニギハヤヒの正体に迫ることのできる最大の手掛かりなのである。それ以外の表記は個別の性格付けを表す〝形容〟〝味付け〟にすぎないと言ってよい。

速日とは、文字通り「速い日」であり、あるいは「速い火」であるだろう。隕石は火の玉となって落下した。その様を目にした人々は、恐れを込めて速日、速玉と呼び、最大級の破壊の神として祀ったのだ。

「日」は「火」であり、さらに古神道では神霊の「靈《ひ》」を意味する。

それは、何か。

アマテラスはその神格を太陽に擬《なぞ》らえられた。

アメノミナカヌシは北極星である。

特定の神を特別な星として信仰するのは、神道のより古い姿であると考えられる。自然信仰の究極の形だろう。とりわけ重要な神は、「天の神」という観念からの発想もあってか、「星」に擬らえることが多い。

その論理から、アマテラスから統治者として任命されたニギハヤヒとは、太陽から発して飛来する火の星、すなわち隕石であると考えられる。だから「速い日」の字が当てられている。

隕石は、多くの場合「隕鉄」であって、鉄器の素材となった。人類最古の鉄剣も隕鉄製であるが、日本にもいくつかの隕鉄剣が伝世している。そして、ニギハヤヒの依り代は、「隕鉄剣」ではないかと私は考えている。

推古天皇が初めて祀った「地震ノ神」

日本でも、隕石落下の記録が各地に残っている。

そしておそらく、そのうちのいくつかは、大地を震撼させる巨大な衝撃であって、大災害をもたらしたのではないか。

隕石を祀る神社、隕石落下の伝承を残す神社、また星を信仰する神社などは、その証左の一つであるだろう。

ここからは私の推測・想像にすぎないが、かつて隕石の落下によって交野周辺は大きな被害を被ったのではないか。それは良くも悪しくも「天意」「天命」として語り伝えられ、社会的激変と隕石の落下は連結するという観念が人々の間に醸成されていたのではないか。

そしてニギハヤヒの降臨（出現）は、古代ヤマトに社会的激変をもたらしたに違いない。鉄器や五穀、宗教、文字等々によって。

しかしそれに加えて、ニギハヤヒには人々から恐怖されなければならない理由があったと私は考えている。本書で採り上げるいくつかの理由は、まさにそれを保証するものだ。「隕石に擬せられる恐ろしき神」――それが、ニギハヤヒの正体なのではないか。

ところで、正史『日本書紀』の記録では、地震の神を初めて祀ったのは推古天皇である。

推古天皇七（五九九）年の条。

「七年の夏、四月《うづき》の乙未《きのとひつじ》の朔辛酉《ついたちかのととりのひ》に、地動《なゐふ》りて舎屋《やかず》悉くに破《こほ》たれぬ。則ち、四方《よも》に令《みことのり》して、地震《なゐ》の神を祭らしむ。」

夏に大地震があり、ただちに全国に「地震の神《なゐ》」を祀らせたとある。

地震の古語は「なゐ」あるいは「な井」。地震が起きるは「なゐふる」。

もとは土地を「なゐ」といい、土地がゆれることで「なゐふる」であったが、地震そのものをも「なゐ」というようになった。

『古事類苑』の地部より「地震」の項。

「地震ハ、古クハ、ナヰト云ヒ、又ナヰフルトモ云ヘリ、鳴動ノ義ナリ、後世ノ俗、仍ホナヰト云ヒ、或ハナヱ、ナイユルナド稱スル處モアレド、多クハ音讀セシモノヽ如シ、　我國古來地震ヲ以テ聞ユレドモ、其事ノ史冊ニ見エタルハ、日本書紀允恭天皇五年七月紀ヲ以テ始トス、（中略）而シテ地震ノ既ニ發シタル時ハ、朝廷ニテハ陰陽道ニ命ジテト占セシメ、或ハ地震ノ神ヲ祭リ、或ハ之ヲ山陵ニ告ゲ、或ハ臨時ニ大祓ヲ行ヒ、或ハ祈禱ヲ修セシム、而シテ地震ニ由テ朝儀ヲ停メ、年號ヲ改メ、救恤ヲ施シ、恩赦徳政ヲ行フ等ノ事モ、亦古クヨリ之レ有リキ、」

地震記録の初出は允恭天皇であるが、地震神を祀らせたのは推古天皇が初めのようだ。三重県名張の名居神社は、この時に祀られた神社の一つであるという伝承がある。

▼名居《ない》神社　三重県名張市下比奈知２０９２

【祭神】大己貴命（配祀）少彦名命　天兒屋根命　市杵嶋姫命　事代主命　蛭子命

「名居神社由緒書」には次のように記される。
「日本書紀によれば推古七年に大和地方が中心の大地震があって諸国に地震の神が祭られた。伊賀では当名居神社がそれであろう。ナイは地震の古語である。江戸時代は国津大明神と称し比奈知川上流に散在する国津神社の惣社であった。」

国津神・大己貴命を祭神としているのは、大地の神からの発想であろうか。

もともとその神がなんという名の神か明かされていないので、後世、地震祭の神は、大地主神や鹿島神とされるようになったが、俗信にもとづく後付けの付会にすぎない。

しかしこれまで見てきたように、地震の脅威の最大のものは隕石落下にある。

そして古代の日本人もそれを知っていた。

とすれば、鎮魂慰霊された神は「速日」「速玉」ではなかったろうか。

そして祟りを恐れるからこそ、神の名はみだりに唱えないのを習いとする。だから、『書紀』にもあえて名は記されなかったのだろう。

名をとなえることとは、呼ぶことにつながる。恐るべき神を呼び降ろすことになるのだ。

祟り為す神、畏るべき神、それこそはニギハヤヒだ。

石上神宮は、ニギハヤヒの荒魂を鎮めるために創建されたものである。祭神名「布留《ふる》の御魂《みたま》大神」とは、「なゐふる」の御魂であって、「降《ふ》る」御魂でもあり、ニギハヤヒの尊称であるだろう。

熊野は津波で「死の国」になったのか

ここで熊野に話を戻そう。熊野は、長い歴史のうちで幾たびとなく津波を受けている。そしてそのなかには、壊滅的な被害を被ったこともたびたびあった。

鎌倉の大仏は今でこそ野ざらしになっているが、当初は東大寺と同様に大仏殿に納まっていた。しかし室町時代に津波によって伽藍は破壊された。以後、覆屋のないままに雨ざらしになっているのは、津波を必然と見て、再建を諦めた結果である。

大仏被災の時に、熊野も被災した可能性は高いが、これに限らず熊野は繰り返し津波で大きな被害に遭っている。そのために「死者の国」というイメージは常に付きまとっていたはずで、そういった前提が熊野信仰の形成に寄与していたと考えるのは自然な成り行きというものだろう。

紀伊半島は津波被害では、日本屈指の地域である。

東南海地震等による被害予測の最新研究で、尾鷲市の被害が大きいとの予測があるが、その並びの新宮市も同様の被害が予想される。それは古代から繰り返されてきた災厄である。広川町の「稲むらの火」で知られる安政の大津波（一八五四年）が有名だが、実際には熊野灘に面した地域の被害が最も大きい。

しかも古代においては、被害といえばまず「人の命」であった。建造物や田畑などは再建にさほどの労力は要しない。しかし家族や仲間の「死」の記憶は、容易に払拭されない。

鎌倉では一四九八年の津波で大仏殿が破壊されて大仏が剝き出しになったが、熊野では神倉の磐座のみが押し寄せる津波の中で独り屹立していたのではないだろうか。それは、人々の畏怖の対象となっただろう。それゆえに、速玉の神は、海辺に遷し祀られたのではないだろうか。

第2章　記・紀が明示する「初代天皇」神武天皇に譲位した先代ニギハヤヒ

その名はニギハヤヒ

まえがきですでにふれたが、今上天皇、すなわち現在の天皇陛下は第一二六代であって、その初代が神武天皇というのは日本人の常識であり、それは記・紀の記述にもとづいている。（＊神武天皇という名は奈良時代に歴代天皇の漢風諡号を一括撰進されたときのものであって、本名は神日本磐余彦《カムヤマトイワレヒコ》、等であるが、以下本書では読者への配慮により便宜上「神武」を用いる。）

しかし実は、神武が初めてヤマトに入ったとき、すでにそこには統治者がいたと記・紀に明記されているのだ。しかも賊衆の首長などではなく、神武と同じ「天神の子《あまつかみのみこ》」であるという。その名をニギハヤヒ（饒速日命、邇藝速日命、天照國照彦天火明櫛玉饒速日尊）という。

ニギハヤヒは、天《あま》つ御璽《みしるし》を持っていた。つまり神宝であって、「アマテラスの保証」である。

神武も、もちろん天つ御璽を持っていた。

だからこそ、唯一みずからが統治者たる資格を持つはずと自負していた。それだけに、事実を知って驚いた。

つまり両者は同格なのだ。戦闘も互角であって、ニギハヤヒが負けたとは記されていないから、負けていないだろう。天神同士だけに、勝敗があってはならないのかもしれないが。

しかしそれならば、先にヤマトを統治していたニギハヤヒにこそ統治権があって良さそうなものなのに、ニギハヤヒは、なぜか神武に帰順する。記・紀にはそう書かれている。

なにやら特別な事情が裏にありそうだと、皆が皆考えて何の不思議もないだろう。しかし記・紀には何の説明もない。

その真相は何なのか——誰もが知りたいことだろう。私もそう考えて、この探求は始まった。

ヤマト統治者の地位を、神武は先輩のニギハヤヒから禅譲された。

これによって〝初代天皇〟として即位することとなるのだが、この経緯は誰が見ても不自然であり不可解である。

譲られた地位は、ニギハヤヒが就いていた地位であるのだから、ニギハヤヒも天皇であったことになるし、もしそうでないなら、神武も譲られた地位は天皇ではないことになるのだ。

また、「同格」でありながら「先輩」であるニギハヤヒが、後から来た「後輩」の神武に禅譲して臣下の礼を執るのも不可解だ。

しかも一書によれば、ニギハヤヒはニニギの兄という。とすると、神武の曾祖父の兄ということになるので、さらに不可解だ。

もし仮にこの関係を現実的な皇位継承として位置付けるなら、ニギハヤヒが神武を皇太子として指名し、その上で退任するという方法は、ある。

しかし記・紀にはそうは書かれていない。右に紹介したきわめて理不尽な政権交代があったという事実のみ記される。説明なしに認めろというのは無理筋である。

古文献には付きものと言っても良いが、理不尽な事象現象には、必ず「裏」がある。「隠された意味」があると言っても良い。そしてそれは単なる欠落ではなく、「秘事」である。編纂者にとって秘する必要があるから、たとえ不自然であろうともそうしないわけにいかないのだ。

あなたの知らない「記・紀の編纂方針」

記・紀の編纂方針はいくつかあるが、根源にある大方針はいかなるものと読者は考えておられるだろうか。

日本の建国の経緯を記すためか。

天皇・皇室の由来を説くためか。

日本人が神の血筋にあると主張するためか。

――いずれも正しいし、同レベルの項目をまだ他にもいくつか挙げることができるだろう。編纂者は、そういう方針でおこなったのは間違いない。

ただしそれは、書かれていることを方針とするならば、という前提による。

しかし実は、大方針は書かれていないところにこそあるのだ。書かないことが大方針だったと言い換えても良い。

記・紀のいずれにも書かれていないこととは何か。書かなかったこと、書いてはならなかったこととは何か。

それは、神武建国以前に、すでにヤマトに「国家」があったという事実である。

しかし記・紀は、その事実と異なる主張をおこなっている。

神武が初代天皇として建国・君臨する国家こそは、この国土において初めての統一国家であり、ヤマト国、すなわち日本国は、ここから始まるのだ、と。

もしそれ以前に国家が存在したとすれば、神武はその国を、あるいはその民族を征服したことになる。

それでは建国の正統性を声高に主張できない。

余所の土地からやってきて、この土地を奪ったのであるとは言えないし、まして他の国からやってきて、この国を奪ったのだとは言えない。

あくまでも神の国＝高天原から降臨して、未開の地上を開拓して建国したとしなければ、正統性に疑義が出る。

だから記・紀には、ヤマト以前の国家は出てこない。

では、出雲はどうか。

記・紀において出雲は国家たりえていないのか。

その通り。記・紀は、出雲は「国家ではない」としている。

統一国家、統一政権こそが国家であり、その最初のものは神武によって立国建国されたとする思想である。

その思想では、出雲は一地方政権であって、各地に蟠踞していた多くの部族国家の一つにすぎないとしている。


しかし記・紀には、不思議な一節がある。それが、ニギハヤヒのくだりである。

しかも記・紀において省略されていた属性が、『先代旧事本紀《せんだいくじほんぎ》』では詳細に記されている。『先代旧事本紀』は、別名『旧事紀《くじき》』。記・紀と同格の歴史書である。

それによって、ニギハヤヒの統治していた国は、あちこちにあった小規模な部族国家というようなレベルの話ではなく、統治体制の整った政体国家が確固として存在していたという事実を記している。そして、ニギハヤヒこそはその国家の国王であったのだと。

記・紀は、その国家の存在を隠したかった。だから、ニギハヤヒの属性を消すことによって、ニギハヤヒが登場しても問題が起こらないと考えた。『先代旧事本紀』さえ存在しなければ、その目論見は破綻しなかったかもしれない。

ところで記・紀に一貫している論理では、先住の賊衆は征討すべきものであって、その思想は徹底している。そしてその上に君臨する者は「天神《あまつかみ》の子《みこ》」でなければならない。すなわち「天子《あまつみこ》」である。

賊衆とはもとからその地に住む種族で、これを「地祇」あるいは「国つ神」の子とした。

これに対して高天原から降臨した者は「天神」あるいは「天つ神」の子とする。これが「天神地祇」「天つ神、国つ神」の対置概念である。

征服者と被征服者と言い換えることもできる。近年では、弥生人と縄文人というとらえかたもある。こちらは対立概念である。これについては後ほどあらためて述べることにしよう。

柳田國男の「日本人」定義

ところで本書で「日本」あるいは「日本人」と称しているのは、もちろん不用意に用いているわけではなく、それぞれ歴史的・文化的根拠があってのものであることは言うまでもない。その概念についてはこれまで拙著では繰り返し述べてきているが、ここでは民俗学の先人たる柳田國男の日本観、日本人観を紹介して、さらなる理解のよすがとしたい。

柳田は「山人考」で、縄文人と弥生人の弁別峻拒をおこなった。すなわち、縄文人を「山人」と呼び、渡来した弥生人を「平地人」とした。さらに注目すべきは、平地人を「日本人」と規定したことであって、そこから「日本」も始まったと主張した。

もしもわが国の民俗学がここから展開発展したとするなら、おそらくは今とはかなり異なる地平に立ち至っていると思われるのだが、残念ながら柳田はこの説を継承させず、『遠野物語』や『山の人生』などで見られるように、うやむやにしてしまった。

これについて谷川健一氏は南方熊楠の批判によると指摘しているが（『白鳥伝説』）、それは理由の一つに過ぎないだろう。実際に熊楠の批判めいた論述を見ても、論陣は脆弱で、決して柳田が持論を捨てなければならないほどの説得性はない。熊楠はもっぱら「縄文人」の概念に拘泥しており、その血脈はその後も継承されて脈々と生き続けているのだと指摘している。その行間には、熊楠自身が縄文人の血脈を受け継いでいて、それが傍証でもあるかのように仄めかしている。当人の存在が論拠であっても、とくに私は不都合とは思わないが、万人を説得するには不適当であるかもしれない。谷川氏が穿ちすぎたのも熊楠への強い共感が前提となっているように思われる。

柳田は「山人考」で発した「日本および日本人概念」を捨てる必要はなかったのだ。

その後の考古学や民俗学の成果が教えてくれたように、縄文から弥生に切り替わったのは、まさに「人種」が切り替わったほどの変化であって、また現代に続く弥生文化・弥生人はそれ以前の縄文文化・縄文人とは画然としている。顔貌も体型も、骨格そのものさえも大きく異なるのは当然として、稲作主体となったことによる食生活の変化だけでは理由にならない大きな文化的変化である。この事実を明瞭に解くのは人種・民族の入れ替わり以外にありえない。そして新たな人種・民族が突然この地に誕生することはないのであって、他の何処からか移り来る以外にありえない。

そうであるならば、当初に柳田が指摘したように、弥生人こそは海の向こうからやってきた人々であって、彼らによって稲作は持ち込まれ、それまでこの地で暮らしていた縄文人は駆逐されたのだ。東へ追いやられた縄文人は蝦夷《えみし》と呼ばれ、西へ追いやられた縄文人は熊襲《くまそ》や琉球になった。——しかしいわゆる「まつろわぬ民」、すなわち従うことのなかった人々は東西の辺境へと追われたが、多くの人々は恭順し、入り交じって暮らす道を選んだ。

そして中央部を制圧した弥生人が日本人となり、彼らが建国した国が日本国《やまとのくに》となったのだ。その国王をオオキミ、ミカド、スメラミコト等々と様々に美称尊称することになる。そしてここに「日本建国」が成った。現日本人である私たちのほとんどは、その子孫である。

それでも縄文人の一部は都市部に入り交じることもなく畿内各地にも残留して、土蜘《つちぐ》蜘や隼人等々と称されて隷属した。南方熊楠が風貌体型ともに縄文人のそれであることはおそらく当人の言う通りで、紀伊熊野地域には辺境であるが故に縄文人の血脈が本来に近いままに存続していたのだろう。

「ご承知の通り紀州の田辺より志摩の鳥羽辺までを熊野と申し、『太平記』などを読んでもわかるように、日本国内でありながら熊野者といえば人間でないように申した僻地である。」と熊楠は『履歴書』で書き記している。

その後の民俗学のフィールドワークでもそう考えられる風貌・体型の人たちが少なからず現存することがわかっている。地祇（国津神）系の氏族は、そうして残留した縄文人の血脈であるだろう。

民俗学では「常民」と呼ぶことによって一括した概念設定をしているが、常民にも様々あって、日本列島の多様な環境（風土・気候など）を考えればそう簡単でないのは自明である。仏教伝来以前の原始信仰を見ても、海人の信仰、常民の信仰、山人の信仰それぞれが複雑に絡み合って発展している。神道の概念が確定するのは、神社の発生と定着を待たなければならない。原始道教を取り込み継承した陰陽道とも不可分の関係である。日本および日本人の概念とは、こうした精神風土の上に構築されたものだ。

ニギハヤヒの事績

ニギハヤヒについて、記・紀にはわずかな記述しかないとすでに指摘したが、それとは対照的に『先代旧事本紀』には詳細な事績が記されている。

しかもその子孫は、『新撰姓氏録』に少なからず録されている。物部氏は言うまでもないが、石上朝臣、穂積朝臣、依羅連、佐為連、大貞連、真神田連、若倭部、采女朝臣、阿刀宿禰、阿刀連、宇治宿禰、中臣葛野連、高橋連、宇治山守連、筑紫連、秦忌寸、長谷部造、高屋連、日下部、志貴県主など驚くべき多数に上る。


これにニギハヤヒの「従者（一族）」の子孫を数えると、さらに多数に上り、その後の日本国の中核はニギハヤヒ一行の血族血統によって形成されたと言っても良いくらいである。

しかし、その事実のほとんどは、記・紀にはまったく触れられず、『先代旧事本紀』のみに記される。

ニギハヤヒの降臨伝承とは、いかなるものであるのか、読者のためにもここで概要・全貌を要約しておこう。

（1）アマテラス（天照大神）は、瑞穂国を治めるために「吾御子《わがみこ》」のヲシホミミを降臨させようとしたところ、ヲシホミミにニギハヤヒという児が誕生し、代わりにその児を降臨させたいとの願いを許した。
（2）アマテラスは、降臨するニギハヤヒに「天璽《あまつしるし》瑞宝十種《みずたからとくさ》」を授けた。天璽とは、皇位の証しである。その証しとは次のような十種の神宝であった。――瀛都鏡《おきつかがみ》、邊《へ》都鏡《つかがみ》、八握剣《やつかのつるぎ》、生玉《いくたま》、死反玉《まかるかへしのたま》、足玉《たるたま》、道反玉《ちかへしのたま》、蛇比礼《へみのひれ》、蜂比礼《はちのひれ》、品物比礼《くさぐさのもののひれ》。

（3）ニギハヤヒは、数多くの随神・随臣を伴って天降った。彼らはヤマト政権の担い手となり、その後の主な氏族の祖となる。三十二人の将軍、五人の部の長、五人の造の長、二十五人の軍部の長、船長・舵取等。（＊これらはすべて名が記されている。詳細は後述。）

（4）ニギハヤヒ一行は「天磐船《あまのいわふね》」に乗って天降った。

（5）初めに河内国河上の哮峯《いかるがのみね》に天降り、それから大和国鳥見の白庭山に遷御した。

（6）ニギハヤヒは天磐船に乗って大虚空《おおそら》を飛翔して国を見定めた。これに由来して「虚空《そら》見つ日本《やまと》の国」という。

（7）ニギハヤヒは長髄彦《ながすねひこ》の妹・炊屋《かしきや》姫を妃とした。しかし妃の出産直前に亡くなった。

（8）タカミムスヒ（高皇産霊尊）は速飄《ハヤカゼ》を使者として送り、ニギハヤヒの屍骸《かばね》を天上に迎えて、七日七夜哀泣《かな》しんだ。

（9）ニギハヤヒの死後に生まれたのは宇摩志麻治命《ウマシマヂ》（記は宇摩志麻遅命《ウマシマヂ》、紀は可美《ウマシ》真手命《マデ》、旧も可美真手命《ウマシマデ》）。ウマシマヂは、母方の伯父・長髄彦を殺して、天璽瑞《あまつしるしみず》宝十種《たからとくさ》を神武に献上し帰服した。

『日本書紀』には（4）（5）（6）（9）のみ。

『古事記』には（7）（9）の一部のみ。

以上を除いて、これだけのことが『先代旧事本紀』には記述されている。

ちなみに『先代旧事本紀』では、八咫鏡を「専らわが御魂として祀れ」と命じたのはアマテラスではなく、高皇産霊尊である。

天神の「御璽」とは何か

さて、長髄彦軍と神武軍が対峙した際に互いに見せ合ったという「天神の証し」すなわち「御璽（みしるし・ぎょじ）」とは何であったのか。

『古事記』では「天つ瑞《しるし》」

『日本書紀』では「天つ表《しるし》」

『先代旧事本紀』では「天つ璽《しるし》」「天つ表《しるし》」

と記す。これは、国の統治権の証しとしてアマテラスから与えられたものである。

それを持つ者こそが、天皇となる。

あるいは天皇となる者は、それを保有しなければならない。

天皇たることの「証左」である。

現在広く知られている天皇の証しは「三種の神器」であるが、ここにはそれは登場しない。

さてそれでは、長髄彦と神武が見せ合ったそのものは何だったのか。『日本書紀』『先代旧事本紀』では「天羽羽矢《あめのははや》」と「歩靫《かちゆき》」とある。矢と矢筒のことだ。『古事記』ではそれが「何か」はとくに記していないのだが、場面から考えてやはり同じものだろう。

長髄彦はこれ（ニギハヤヒから預かっていたもの）を神武に見せる。

神武は、

「事不虚《まこと》なり」

と言って驚いた。

そして神武も同じものを提示する。同じものが出現したことで長髄彦は畏れかしこまるのだが、とにかくこれで両者ともに天神の子であると証明された。

天羽羽矢は、元々はアマテラスから天稚彦《あめのわかひこ》に与えられたものだ。その天羽羽矢を所有していることに加えて、天稚彦とニギハヤヒには興味深い共通点がある。

一、高天原から視察役として速飄《はやかぜ》が派遣されること。
一、速飄がもたらしたのは、ともに「死」の報告であること。
一、弔い期間が、天稚彦は八日八夜、ニギハヤヒは七日七夜であったこと。

こういった弔いの記録自体がたいへん珍しいものであり、ともに期間まで記されているのは強いつながりを示唆していると考えられるだろう。また速飄とは、疾風《はやかぜ》・旋風《つむじかぜ》などを意味する神で、共通の使者となっている。

天稚彦とニギハヤヒは異名同体説もあるくらいだが、少なくとも同じ血脈にあると考えることはできるだろう。天稚彦は、最初に降臨した者であるのは疑う余地がない。統治者にまではなっていないが、先遣隊長、先乗り役のリーダーといった役割であったのではないか。

ニギハヤヒの天羽羽矢は、元々はアマテラスから天稚彦《あめのわかひこ》に与えられたものであるから、それをニギハヤヒは受け継いでいるということになる。しかしその関係についてはいずれの書にも何も記されていない。

では神武の天羽羽矢はいかなる経路で保有に至ったのか。経緯からすれば、ニニギが降臨する際に、同様にアマテラスから与えられたもので、それを神武が継承した。中つ国に赴く者には、等しく与えられる御璽であったと考えられる。

ただ、皇位の保証たる御璽神宝については、この限りではない。その全貌は本節の後段に及んでともに明らかになる。

なかでも最も重要な御璽は「鏡」であり、あるいは「勾玉（曲玉）」と「剣」である。後世「三種《さんしゆ》の神器《じんぎ》」と称される神宝だ。

しかしアマテラスは、降臨する者にそれ以外にも多種多様の御璽神宝を与えている。

この時対峙する両者が所持していた天羽羽矢と歩靭《かちゆき》は、戦いの場に携えるお守りとして位置付けられていたものだろう。だからたまたまこの場で見せ合うことができたのだ。ニギハヤヒの保有する数々の御璽は「十種《とくさ》の神宝《かんだから》」というものなのだが、当然ニギハヤヒと共にあって、天羽羽矢と歩靭のみを、戦いに赴く長髄彦に預けたものだろう。また神武も、「三種の神器」は本陣深くに守られていて、最前線にはやはり戦いのお守りである天羽羽矢のみを持参していたものだろう。

ちなみに、三種の神器は洗練された形であり、これに対して十種の神宝は原型、なんの加工もされていない素朴な状態であると私は解釈している。（＊三種の神器についての詳細は拙著『三種の神器』を参照されたい。）

神武天皇という諡号

ところで「神武」という諡号《しごう》には、武力によって征討に勝利し、神の意を受けて皇位に就いたという意味合いがあるかのようで、あたかも皇位に就いた時から名乗りとした、あるいは崩御の直後に周囲の評価を見定めて付けられたかのように思われているかもしれない。

しかし惑わされてはならない。冒頭にも注記したが、「神武」という漢風諡号は、はるか後世に作られたものである。

第一代・神武《じんむ》天皇から、第四十四代・元正《げんしょう》天皇までの全天皇（弘文天皇と文武《もんむ》天皇を除く）の漢風諡号は、淡海三船《おうみのみふね》（七二二～七八五）が一括撰進したものである。（『続日本紀』）

すでに定着している呼び名であるため私も便宜的に用いているが、この名から何事かを類推するのは危険である。

淡海三船は大学頭《だいがくのかみ》であり文章博士《もんじょうはかせ》であって、当時最高の知識人であったことは疑うべくもない。漢籍に通じて、現存最古の漢詩集『懐風藻《かいふうそう》』の選者ともされる。

そのような人物が朝廷から選任されて選定したものであるから、それなりの由来は込められているだろう。

しかしその名から、神武天皇像をとらえようとするのはきわめて危険だ。

なお和風諡号は第四十一代・持統天皇からの慣習で、それ以前には記録がないため諡号そのものがなかったと考えられている。

したがって神武天皇の本来の名は、諱《いみな》の「カムヤマトイワレヒコ」である。

意味を探るのであれば、ここから出発しなければならない。

神倭伊波礼琵古命――『古事記』

神日本磐余彦尊――『日本書紀』

神日本磐余彦天皇――『先代旧事本紀』

三者いずれも「カムヤマトイワレヒコノミコト」と訓む。命、尊、天皇の文字をそれぞれが用いているのは、それぞれの編纂姿勢、思想性を体現するものである。

このうち「カム」「ヤマト」は尊貴を表す形容の冠である。「ヒコ」は「ヒメ」に対する男性称。「ミコト」は無性別の尊称である。

したがって、「イワレ（伊波礼、磐余）」のみが神武天皇の正体を示唆する名である。イワレは、磐余、石村と文字を当てて、奈良県桜井市の天香山東方あたりの古い地名でもある。そこは、神武天皇がヤソタケル（八十梟）を征討したとされる伝承の地だ。

片居《かたい》、片立《かたたち》などという呼称もある。

柳田國男は、「謂われ」の意であり、忘れてはならないものの名として用いたとしている。

『日本古語大辞典』では「岩村または岩群の意か」としている。

つまり「イワレ」として用いられる元は「イワムラ」「イワムレ」であって、これに由来する名であるとする。

すなわち神武天皇の本名である「イワレ」とは「イワクラ」のことである。

イワクラについては前章ですでに述べたように、磐座、岩倉などと表記するもので、神道では神の依り代、あるいは御神体そのものとして古来信仰の対象とされるものだ。

それを、その名としたのは当然しかるべき意味があってのことだろう。前章で論じたように、ニギハヤヒの名は隕石そのものとしている。

神武＝カムヤマトイワレヒコの名は、磐座を表す。

饒速日＝ニギハヤヒの名は、隕石を表す。

両者の名の由緒がきわめて近しいことにも、当然しかるべき意味があるだろう。

天皇号について

ここで「天皇」という尊号についても解明しておかなければならない。

とくに『先代旧事本紀』の「神日本磐余彦天皇」という表記には強い意志が込められていると考えるからだ。

天皇という尊号は、まさにこの時期に第四十代・天武天皇（六三一～六八六）によって採用されたもので、当然ながら記・紀にも頻出する。

ちなみに天武という呼び名そのものが、そもそも淡海三船によって作られた漢風諡号であって、和風（国風）諡号は天渟中原瀛真人天皇《アマノヌナハラオキノマヒトスメラミコト》。そして即位前の名は大海人《オオシアマ》。即位してからは名を呼ばれることはなく、名乗る必要もないため呼び名はない。オオキミ、ミカド等々と呼ばれる。

歴史的に重要なことは、各書がどのような場合に天皇号を用いているかということであるだろう。

なお、「天皇」は「てんわう（てんおう）」と訓むのが本来で、「てんのう」となったのは明治政府により連声訓みとして定められてのものである。

言うまでもないことだが、天皇の訓みとしての「てん・のう」はヤマト言葉ではない。漢音の ten + ou = tenou である。ヤマト言葉では「おおきみ」と訓むのが正しい。

天皇号は天武天皇によって創始されたものであって、したがってその以前には存在しない。

ご存知のように天皇と同義の尊号は、大王、天王、皇、帝、御門などがその時々で用いられ、訓読みもオオキミ、スメラミコト、スメロギ、ミカド等々がある。

また、それに相当するより古い表記は『万葉集』『延喜式』等にいくつか見られる。須賣漏岐《スメロギ》、須賣良伎《スメラギ》、須明樂美御德《スメラミコト》、皇御孫命《スメミマノミコト》など。

いずれにしてもとくに定まった文字はなく、習慣的にそれぞれの文字を用いるのは後世のものであって、七世紀以前は用法、場面、意味などによって使い分けられていたと考えられる。用例は、きわめて多様である。古代においては多様であることに、理由があった。

なかでも使用例が多いのはオオキミで、「大いなる君」ということ。飛鳥時代にはすでに使われていた。

「大王」と書いて「おおきみ」と読むことからも、「きみ」とは「王」のことであることがわかる。

なお「大君＝たいくん」は江戸時代に将軍の別称として使われたもので、まったくの別物だ。

だから正しくは「ニギハヤヒはオオキミであった」と言うべきであり、「カムヤマトイワレヒコもオオキミであった」と言うべきだが、本書では読者の混乱を避けるべく、便宜的に現代の通称を用いている。

天皇の神格化

天武天皇は天皇号を思想的に確立した。そして、生きながらにして神となった。すなわち「現人神《あらひとがみ》」という観念の創造、概念の獲得である。

この観念・概念は、道教にも儒教にも仏教にもないものだ。天武天皇は物理的な統治のシステムを造り上げるのと同時に、世界史上きわめて稀有な精神的統治システムも創造した。

この基本概念のもとに、全体の構図・構想も組み立てられた。

すなわち「日の巫女《みこ》」卑弥呼はアマテラスであり、「月の皇子《みこ》」天武がツクヨミであるとした。

しかし次の持統天皇の時に、アマテラスは天孫降臨神話の論理に組み込まれ、変身することになる。

「日の神」アマテラスは持統天皇を体現し、持統の皇孫である軽皇子《かるのみこ》（文武天皇）への譲位を思想的に保証することとなる。今にいう「皇祖」とは、持統天皇のことである。

ここに奇しくも、天武・持統の夫婦による比定が完成する。

この後、天武朝において女性天皇が輩出する。

歴代女性天皇八人十代のうち、四人五代が集中する。天武帝の母も含めれば、五人六代である。それ以外の女性天皇は偶発的なものと解釈もできるが、ここまで集中するとなればむしろ理由がなければ不自然だろう。

本来の皇位継承者の早逝や、皇位継承争いの激化などの理由もあって、たまたまこの時期に集中したのは事実である。

ただ、天武天皇による天皇という存在についての概念形成が、このことに関係していたのもやはり確かであろう。

皇祖神アマテラスの位置付けの明確化や、伊勢斎宮（斎王）制度の制定、そして天皇の神格化といった一連の施策が、結果として女性天皇の誕生を後押しすることになったはずである。

天皇たる資格は、女性であるか否かよりも、別のものが重視されるのだと、また少なくとも女性であることによって現人神としての神聖性は失われないという保証が得られたということである。

伊勢斎宮は神宮の斎王であるが、天皇はいわば国家の斎王である。

天武天皇は、その母が天皇であったこともあって、当初から女性の即位には拘泥しなかったと思われる。その没後に鸕野《うのの》讚良《さらら》皇后が即位するための環境が整っていたと考えて良いだろう。

女性天皇は、巫女としての位置付けであった。

これは、卑弥呼がそうであったのとまったく同じ立場で、古来の位置付けであるとともに、天武帝によってあらためて制度化された伊勢の斎宮《さいぐう》も、意味的にはこれと同じだ。古式の復活と言っても良い。卑弥呼とはヒメミコであり、媛巫女《ひめみこ》である。

それでは、斎宮は伊勢の大神に仕えるが、女性天皇はいかなる神に仕えるのか。

現在では宮中三殿における祭祀を、天皇と皇太子のみが奉仕している。皇后にも内親王にもその役割はない。祭祀者たることは、天皇の第一義であり、次の天皇つまり日嗣ぎの皇子である皇太子がそれに次ぐ。

しかしそれは、女性が皇太子になれば同じ役割を果たすということだ。

すなわち、女性であっても、ひとたび皇太子・天皇となれば、宮中祭祀の祭主とならなければならない。そして、巫女として、宮中三殿に仕えることになる。これは、斎王・斎宮の本質である。だから私は、女性天皇を否定しないし、むしろ古式に則っていると思っている。

伊勢神宮のように、頂点に巫女たる斎宮がいて、そのもとに祭儀を司る宮司がいる、というのがマツリゴトの古式であろう。

神から人へ

天皇は、言い換えれば統治者、すなわち統べる王、スメラミコトである。

ニギハヤヒはヤマトの初めての統治者であり、しかも天神である。つまり血統において神武と遜色ないのだ。

そしてその統治者から譲位されて、神武は次の統治者になったと記・紀に記されている。

ということは、神武は初代ではなく、第二代ということになる。

ニギハヤヒ以前は神であるという論理基軸から、ニギハヤヒこそは紛れもなくヤマトの初代国王である。

すでに紹介したように、天皇という称号は後に天武天皇によって創唱されるので、正しくはオオキミと称呼すべきであるが、神武から天皇号を用いるという歴史学の慣習からすれば、ニギハヤヒこそは初代天皇である。すなわち、神武は「ハツクニシラス」天皇ではなく、ニギハヤヒこそが真の「始馭天下之天皇《はつくにしらすすめらみこと》」である。

そのことをより具体的に記述するのが『先代旧事本紀』である。物部氏の「私記」とされ、ニギハヤヒを祖とする物部氏を軸に記す「もう一つの記・紀」である。

ただし、前文との整合性等に問題があるとされて、偽書として顧みられない時を長く過ごした。

しかしようやく近年になって見直す動きが出てきて、上田正昭氏や鎌田純一氏らの篤実な研究などもあって、『先代旧事本紀』はいま蘇ろうとしている。『旧事本紀《くじほんぎ》』『旧事《くじ》紀《き》』とも古くから称されるものだ。

その書中に記されることの多くは記・紀と重なるが、独自の記述も少なくないことはすでに指摘した。その白眉はニギハヤヒに関する記述である。

記・紀ではきわめて重要な位置付けで登場しながら、その属性等についてなんらの説明もなく、ほとんど名のみの登場であった。

しかし『先代旧事本紀』では詳細に記されている。

降臨に際して多くの従者、多くの宝物を伴うと具体的に記されており、それらは有力氏族たちの祖とされ、また天皇家の神器や古社の宝物の出自と目される。このことが記されているのは『先代旧事本紀』のみである。

また、本書の巻十『国造本紀』は、他に例のない唯一無二の資料・記録である。ここには全国の国造すべてが記録されている。本書が「海人族」との深い関わりがあると考える所以でもある。

このように『先代旧事本紀』には、記・紀では解けない古代の謎の手掛かりが数多く包含されているのだ。そしてその根元にニギハヤヒがいる。

ニギハヤヒを祭神とする神社

ニギハヤヒは物部氏の祖神とされており、『新撰姓氏録』にはニギハヤヒ、またはその子・ウマシマジ（宇摩志麻遅命）を祖とする氏族は多数に上る。とすれば、古代豪族の氏神として各地に祀られていていてしかるべきである。では、ニギハヤヒを祭神とする全国の神社を確認してみよう。

まず、祀られている祭神名の異同を確認しておこう。

饒速日神・尊・命
奇玉饒速日命
櫛玉饒速日神・命
天火明神・命
天火明命饒速日命
天照地照彦火明命
天照国照火明命
天照国照日子火明神・命
天照国照比古火明玉饒速日命
天照国照彦

天照国照彦火命
天照国照彦火明櫛玉饒速日命
天照国照彦天火明命
天照国照彦天火明櫛玉饒速日尊・命
天火明命

これらいずれかの祭神名で祀られている神社は二〇〇余社。このうち天火明の名で祀られているのは四四社である。

NO.	県名	鎮座数	広域鎮座数
1	北海道	0	
2	青森県	0	
3	岩手県	0	
4	宮城県	0	
5	秋田県	2	
6	山形県	0	
7	福島県	1	3
8	茨城県	5	
9	栃木県	2	
10	群馬県	0	
11	埼玉県	1	
12	千葉県	19	
13	東京都	0	
14	神奈川県	0	
15	新潟県	6	33
16	富山県	2	
17	石川県	4	
18	福井県	1	
19	山梨県	1	
20	長野県	1	
21	岐阜県	9	
22	静岡県	1	
23	愛知県	20	39
24	三重県	15	
25	滋賀県	5	
26	京都府	8	
27	大阪府	13	
28	兵庫県	6	
29	奈良県	5	
30	和歌山県	4	56
31	鳥取県	2	
32	島根県	5	
33	岡山県	6	
34	広島県	2	
35	山口県	2	17
36	徳島県	2	
37	香川県	3	
38	愛媛県	21	
39	高知県	6	32
40	福岡県	16	
41	佐賀県	0	
42	長崎県	1	
43	熊本県	0	
44	大分県	2	
45	宮崎県	3	
46	鹿児島県	1	
47	沖縄県	0	23
		203	

ニギハヤヒ鎮座数全国都道府県別一覧

決して少ない数ではないが、神武天皇の四五〇余社に較べると三分の一ほどである。ちなみにウマシマジを祀る神社は五九社（一部重複）である。

神名こそは最古の情報

名は体を表す――これは神名に関してとくに言えることだ。

神名は、いわば神のDNAであって、最も古い情報が内包されている。

神名の多くは、記・紀などの古文献が成立するはるか以前にすでに存在していたはずで、また表記に漢字を当て嵌める以前から音声として存在していたはずである。だから、最古の情報なのだ。

神名の謎解きは、名付け親である古代人の気持ちを忖度《そんたく》して素直に考えれば良い。

たとえば「ツヌガアラシト」という伝説の鬼がいる。

一瞬いったいどこの国の言葉かと思うが、「角がある人」が訛ったにすぎない。『日本書紀』に、加羅国王の子の都怒我阿羅斯等《ツヌガアラシト》が渡来し、三年後に帰国したとある。渡来地を、以来「敦賀《つるが》」と称するようになったとされる。敦賀駅前には、二本の角があるかのように見える冑をかぶった軍装の像が建てられている。

ちなみに『新撰姓氏録』には、その子孫として左京諸蕃の清水首、大市首、大和国諸藩の辟田首《へきたのおびと》が挙げられている。

神名とは、えてしてこうしたものだ。だから古代人の視点から素直にとらえれば、神名を解きほぐすのはさほど難しいことではない。必要以上にロマンを持ち込まないこと、そして漢字に惑わされないこと、解析解読にはこの二点が不可欠だ。

たとえばニニギノミコト。ニギハヤヒの兄とされる神であるが、その名を検証しておこう。

天邇岐志《アメニギシ》国邇岐志《クニニギシ》天津日高《アマツヒコ》日子番能邇邇芸命《ヒコホノニニギノミコト》（『古事記』）
天饒石《アメニギシ》国饒石《クニニギシ》天津日高《アマツヒコ》彦火瓊瓊杵尊《ヒコホノニニギノミコト》（『日本書紀』）
天饒石《アメニギシ》国饒石《クニニギシ》天津彦《アマツヒコ》彦火瓊瓊杵尊《ヒコホノニニギノミコト》（『先代旧事本紀』）

「アメニギシ・クニニギシ」は「天と地が豊かに賑う」の意。

「アマツヒコ」は天津神、「ヒコ」は男性のこと。

つまり、「ホノニニギ」のみが名であって、ほかの構成要素はデコレーションにすぎない。

そしてその名の「ホノニニギ」は、「ホ」が「穂」であれば、稲穂が豊かに実ることの意味である。「ニニギ」は「ニギニギしい」「賑やか」の意。

あるいは「ホ」が「火」「陽」であれば、明るく賑やかな都の意となるだろう。

ニギハヤヒのフルネーム「天照國照彦天火明櫛玉饒速日尊」の謎

それでは、ニギハヤヒという名はどのような意味か。

邇藝速日命（『古事記』）
饒速日命（『日本書紀』）
天照國照彦《アマテルクニテルヒコ》天火明《アメノホアカリ》櫛玉《クシタマ》饒速日尊《ニギハヤヒノミコト》（『先代旧事本紀』）

『先代旧事本紀』のみが異質であるが、子細に見れば「饒速日尊」の上に屋上屋を重ねるようにしてネーミングされていることがわかる。


そのフルネーム、天照國照彦天火明櫛玉饒速日尊は実に十四文字もある。驚くべき長さだが、しかし実は更に長い神名もある。

天《アメ》邇岐志《ニギシ》国《クニ》邇岐志《ニギシ》天津《アマツ》日高《ヒコ》日子《ヒコ》番能《ホノ》邇邇芸命《ニニギノミコト》
そう、先に紹介したばかりの天孫・ニニギである。

こちらは実に二十文字に及ぶ。

アマテラスの命を受けて初めて天降った神であり、神武天皇の曾祖父であり、ニギハヤヒの弟ともされる神だ。

天孫降臨によって天皇の血脈は始まっている。そのゆえに、最も長い名とすることで、尊さを体現させたものだろう。

この圧倒的な長さが、ニニギの特別な位置付けを私たちに示唆している。日本神話を目にする者は、必ずこの事実を認識するだろう。それこそは編纂者の意図である。

ところがこの二つの名を子細に比較検討すると興味深い事実が潜んでいることに気付く。

漢字表記では確かにニニギのほうが長い。記・紀でも『先代旧事本紀』でも表記は漢字のみであって、フリガナはもちろん付いていない（一部それらしきものが付いている写本もある）。したがって、見たまま、である。人は、見たままを事実と思う習性がある。基本的に、見えないものは、見ない。

しかしここに見える文字表記はすべて後付けのものである。だから真実は「訓読」にある。

元々の「ヤマト音」で両者を比べるとどうなるだろう。

アマテルクニテルヒコアメノホアカリクシタマニギハヤヒノミコト

アメニギシクニニギシアマツヒコヒコホノニニギノミコト

ご覧の通り、三十文字対二十六文字で、ニギハヤヒのほうが四文字長い。

ヤマト言葉のすべては、音訓として存在し、漢字表記はすべて借字であり当て字である。

そしてとくに神の名は、ヤマト言葉の最たるものであるから、漢字表記は二義的と考えなければならない。

つまり、より古い時代においては、ニギハヤヒの名こそはニニギにも勝る最も尊い神名であったと考えられることになる。

創作された神名

ただ、ニニギとの比較では別の観点での評価もある。同様に長い修飾が冠せられているのだが、ニニギのそれが理に適った流れで完結しているのに対して、ニギハヤヒのほうはいかにも不自然だ。

試みに区切ってみるとどうなるだろう。

天照國照彦／天火明／櫛玉饒速日尊
いずれも単独で成り立つ名前に見える。

これはもはや修飾や形容ではなく、個別の三つの名の集合体と考えるべきではないだろうか。

ちなみに、丹後の籠神社《このじんじゃ》は、祭神の彦火明命をニギハヤヒとする伝承をもつが、『先代旧事本紀』の記述に依拠しての説と思われる。

すなわちここでも「天火明」を単独の神名として取り扱っているのだ。これは自家撞着である。フルネームのうちの「饒速日」にではなく「天火明」に主体性を持たせるのは、フルネーム自体を否定することになるだろう。神名の構成は、最後に掲げられる名を形容する言葉をその前に冠するものだからだ。「天火明」を究極の名と取るならば、その後に修飾が付けられているという不自然な形となってしまう。形容言葉や修飾語に「命」「尊」「天皇」が付くことはあり得ない。

そして、当然のことだが、天火明命はまったく別の素性正しき神である。

『古事記』には天火明命、『日本書紀』には火明命、あるいは天照國照彦火明命ともある。

アメノオシホミミの子で、ニニギの兄である。

また、尾張氏、海部氏、津守氏など多くの国造氏族の祖神である。

海部氏は、籠神社（丹後国一宮）の宮司家。

尾張氏は、熱田神宮（草薙剣奉斎社）の宮司家。

津守氏は、住吉大社（摂津国一宮）の宮司家。

これらはすべて同族で、血統は大陸江南より渡来の海人族《あまぞく》である。皇室と並び称される名流の国造家とは、そういうものだ。

ちなみに「ホアカリ」とは「ホ」＋「アカリ」である。ホノニニギでも述べたが「ホ」は「穂」あるいは「火」「陽」を意味する。いずれも「太陽の恵み」を意味する名である。

なおこの由来は、むしろ逆の事実を示唆してくれる。天火明命がいて、饒速日尊がいて、両者を連結したい意志があった。それは物部氏の意志であったろうが、同時に「海人族」の意志・意向であろう。籠神社は成立の古きがゆえに、天火明命の名がそのままに残ったが、新たに成立した神社では連結したフルネームを掲げたに違いない。

より長い名を尊いとする習俗は古くからあるが、その謂われは血統・氏族の統合をシンボライズするという点にあるのではないか。

日本では明治以後はとくに法律によって制限されてしまったが、海外では「名前の加算」が許されている国は少なくない。たとえば洗礼を受けた時に獲得するクリスチャン・ネームや、血統を示すために先祖の名などをミドルネームとして、ファーストネームとセカンドネームの間に入れて名乗るスタイルがある。たとえば、アメリカ大統領であったジョン・F・ケネディは、John Fitzgerald Kennedy がフルネームであるが、ミドルネームの Fitzgerald はアイルランド系である母方の祖父の名を継承している。

また、婚姻した時に苗字をいずれかのものに統一するのではなく、「加算」するスタイルを認めている国も珍しくない。そういう視点から捉えると、ニギハヤヒのフルネームは三つの系譜の連結・加算と解釈することもできる。

天照國照彦――アマテラス、すなわち天神に連なる名

天火明――ニニギ、すなわち天孫に連なる名

饒速日――独自の名

なお饒速日を形容している「櫛玉」とは「奇しき御魂」の意である。

また、オリジナル・ネームの「ニギハヤヒ」は「ニギ」と「ハヤヒ」によって成り立っているが、いずれもヤマト言葉である。

とくに「速日」は、漢音では「ソク・ジツ」であって、「ハヤ・ヒ」とはまさしくヤマト訓みである。

すなわち、ニギハヤヒという呼び名がまずあって、それに後から漢字を当てているということだ。この方式は『万葉集』で用いられた万葉仮名と同じである。

ニギハヤヒは創作された神名だ。その実体を隠すためであるとともに、ある位置付けが必要であったからだ。その位置付けとは、神武に対する位置付けである。

建国神話を形成するためには、神武がヤマトの統治権を獲得したという確たる証しが必要だ。誰を倒せばそれを獲得したことになるのか、ヤマトの支配権は何をもって認められるのか、それを提示しなければならない。それができて、初めて「建国」を宣言できるのだ。

そのために「先王」が必要であった。先王という存在があってこそ、奪うにせよ譲り

受けるにせよ、国家統治権の保証となる。ニギハヤヒとは、「ニニギより速い日」の意を込めて創られて、アマテラスの保証付き統治者を体現する名でもあったのだ。「速玉」でなく「速日」とした理由がここにある。

したがって「ニギハヤヒはニニギの兄」とされているが、それこそは「連結」のための創作・強弁であろう。アメノホアカリに比定するのも同様である。『先代旧事本紀』にそう記されているのは、編纂者である物部氏にとって、それが必要であったからにほかならない。記・紀にそれぞれの編纂方針があるように、『先代旧事本紀』にも明確な編纂方針があるということだ。物部氏の存在証明たる『先代旧事本紀』は、天皇一族に優るとも劣らない血統であると主張しているのだ。

ニギハヤヒという祟り神、誕生す！

記・紀の記述では、ニギハヤヒが神武に統治権を禅譲したことになっている。ナガスネヒコ（長髄彦）軍による勝ち戦を、わざわざ放棄して、将軍のナガスネヒコを殺してまで勝ちを譲っている。

しかし、そんな馬鹿げた選択はあるはずもない。記・紀においての「不自然な記述」は、何らかの隠蔽工作があったことの痕跡なのである。

ニギハヤヒは禅譲などしていない。神武に政権を奪われたのだ。つまり敗北した。矛盾した記述がそう示唆している。かつて、オオナムヂにおこなったように、ニギハヤヒにも対したのだ。オオナムヂを鎮魂するために杵築大社（出雲大社）を建立したように、ニギハヤヒを鎮魂するために石上神宮を建立した。

石上神宮の神こそはニギハヤヒである。そして、祟り神として鎮魂されている。だからこそ手篤く祀れば強力な守護神となるというのは、御霊《ごりょう》信仰の原理である。しかしだからこそ、手篤く祀ることによって、より強力な守護を得たのだ。

ニギハヤヒの降臨地・河内から、真東へひたすら進む道がある。信貴山を峠越えし、生駒を過ぎれば大和郡山に入る。ヤマト入りに最短の道程である。その入口の矢田（現在は県立矢田自然公園）に矢田坐久志玉比古《やたにますくしたまひこ》神社はある。

▼矢田坐久志玉比古《やたにますくしたまひこ》神社（通称　矢落《やおち》大明神・矢田の大宮さん）奈良県大和郡山市矢田町965

【祭神】櫛玉饒速日神　御炊屋姫神

祖神ニギハヤヒと、その妻ミカシキヤヒメを祀る、物部氏の氏神である。

祭神のニギハヤヒ神が天磐船に乗って空を飛んだことにちなんで、航空飛行関係の信仰もあるという珍しい神社だ。楼門にプロペラが掲げられているのはご愛敬というものだろう。

当社は『延喜式神名帳』に大社として記されるものであるが、久しく衰微していた。とくに石上神宮を新たに物部の氏神として宗家が奉斎したことから、一族の崇敬はもっぱら石上に集中。しかし本来の氏神は、こちらである。祭神の裔に連なる氏子衆によって再興されたものだ。

「氏子さんの中に宮座が残っており、饒速日尊、降臨の際に防衛《ふせぎまもり》として天降り供へ奉った三十二の供奉衆の子孫であるとの強い伝承が残っているようで、神社境内に『舟人神』と称する天磐船の石（磐船の欠片、または天磐船の降りた際地下から盛り上がってきた磐とも）とされる場所があり、宮座の人々は毎年この磐に縄を巻き付けて互いの出自を確かめ合うとの事」（『神奈備にようこそ！』瀬藤禎祥@神奈備）

　とはいうものの、往時の壮麗な姿は望むべくもない。

『先代旧事本紀』では、その供奉衆の名が列挙されている。今に続く多くの氏族の祖先の名である（それについては別途記す）。列挙に続けて、ニギハヤヒ降臨の様子が記される。きわめて重要なくだりになるが、記・紀にはないもので、わずかな文字量なので全文掲載しておこう。

▼原文

「饒速日尊稟天神御祖詔、乘天磐船而、天降坐於河内國河上哮峯、則遷坐於大倭國鳥見白庭山、所謂乘天磐船而、翔行於大虚空、巡睨是郷而、天降坐矣、所謂虚空見日本國是歟」

▼書き下し

「饒速日尊《ニギハヤヒノミコト》は、天神《あまつかみ》の御祖《みおや》の詔《みことのり》を稟《う》けて、天《あめ》の磐船《いわふね》に乗《の》りて、河内國《かわちのくに》河上《かわかみ》の哮峯《いかるがのみね》に天降《あまくだ》り坐《ま》し、則《すなわ》ち大倭國《やまとのくに》鳥見《とみ》の白庭山《しらにわやま》に遷《うつ》り坐《ま》す、所謂天《いわゆるあめ》の磐船《いわふね》に乗《の》りて、大虚空《おおぞら》を翔《かけ》り行《ゆ》きて、是《こ》の郷《さと》を巡《めぐ》り睨《み》て、天降《あまくだ》り坐《ま》す、所謂虚空見《いわゆるそらみ》つ日本國《やまとのくに》というは是《こ》れなり」

▼訳文

「ニギハヤヒ尊は、アマテラス神の命を受けて、天の磐船に乗って河内国河上の哮峯に天降り、そして大和国鳥見の白庭山に遷られた。天の磐船に乗って大空を飛び回り、この地をじっくりと見定めて天降ったのである。空から見た日本の国というのは、このことである。」

＊原文は度会延佳『鼇頭旧事紀』（延宝六年版）に準拠、書き下しと訳文は筆者による。

由緒については氏子衆に伝承があるという。

「神社の東側の向山が神奈備山と言えよう。ここは［迎ひ山］であり、河内からやって来た神を里人が迎えた山と言う意とか。そうなると、饒速日命の降臨神話の白庭山と言えるのだが、当社南西一㎞の地に白庭山とされる場所があるそうだ。」（『神奈備にょう

こそ！』瀬藤禎祥＠神奈備）

むろん伝承だけを根拠に特定することはできない。また、伝承は時間の経過とともに変形することが少なくないのだが、それを勘案してもなお見えて来るものがある。この地がニギハヤヒと深い関わりがあること、また石上より古い起源をもつ可能性があること、氏子衆がニギハヤヒ供奉衆に連なる一族であるだろうことなどが推測される。

一族の王を失い、名も失った一族は、通称の「モノノフ」すなわち物部を名乗り、故地に氏祖を氏神として祀った。それが矢《や》田坐久《たにますく》志《し》玉比古《たまひこ》神社である。もとの名はニギハヤヒではないはずである。もとの名を表に出すのは憚られるので、氏神としての神名をニギハヤヒとした。おそらくこの時に、初めてこの名が表立って掲げられたのではないか。当社の鎮座次第より古いと思われる記録や伝承は他に見当たらないからだ。もちろん鎮座は、聖典三書の成立よりはるかに古い。

ニギハヤヒという名は、天変地異を引き起こす「隕石」から恐れを込めて名付けられたという推測は、こうした鎮座次第ともつながってくる。

それまでは大王であったにもかかわらず、最大の恐怖である地震の原因となる隕石〝速日〟と名付けたのは、なにゆえか。それは、この神が「祟り神」となったからである。

「クシタマ（久志玉・櫛玉）」とは、「奇しき玉」で、「尊い御魂」であり、「ニギ」は尊称。そして、「速日」とは「速い火の星」すなわち「隕石（あるいは彗星）」のことである。

ここに、物部氏の氏神としてニギハヤヒ神が誕生した。

敗者・物部は、祖神を異名のニギハヤヒとして祀り、『先代旧事本紀』（旧事紀）を正史として編纂することでその名を定着させた。『古事記』が成立後長く宮中に秘匿されたことを思えば、『先代旧事本紀』が『日本書紀』に準ずるほどに流布されていたのは、やはり物部一族の占める位置の大きさがうかがわれるというものだろう。

ここでもう一度、矢田坐久志玉比古神社の祭神を見ていただきたい。

【祭神】櫛玉饒速日神　御炊屋姫神

妻のミカシキヤヒメとは、誰か。

長髄彦の妹で、ニギハヤヒとの間にウマシマジを生む。ウマシマジこそは、物部氏のまさに先祖である。

しかし『先代旧事本紀』には、こうある。

ニギハヤヒは、ウマシマジが生まれる前に亡くなった、と。

ということは、神武と闘っていた長髄彦が推戴していた「天神」とは、ニギハヤヒではなく、ウマシマジということになる。

この後、ニギハヤヒ軍はナガスネヒコを斬り殺し、神武に帰順するのだが、これをおこなったのはすでに亡きニギハヤヒのはずがなく、当然ながら子のウマシマジである。

ウマシマジは自分の伯父（母の兄）であるナガスネヒコを殺害して、神武に従ったのだ。これは母ミカシキヤヒメへの裏切りであり、亡き父ニギハヤヒへの裏切りでもある。なにしろここにおいてニギハヤヒが建国した「国家」が消滅したのだから。

もしもこの時にウマシマジが大王位を継承していたとするならば、神武は〝第三代〟ということになる。

しかしこの後、ウマシマジは神武に対して完全に臣下の礼を執り、終生仕えている。その位置関係は、ウマシマジを「大王の資格無き立場」であると裏付けているのではないか。

ニニギは「創られた」か？

すでに紹介したように、ニギハヤヒは、三十二人の従者（神）と、二十五部の物部（軍団）、その他を従えて降臨したと『先代旧事本紀』に記されている。一行の名前にこれだけの分量が割かれているのは、きわめて重要なことである。

第一に、記・紀その他のいかなる資料にも同記述がないこと。

そのことは、『先代旧事本紀』が偽書などではなく、唯一無二の貴重な真実の資料であることを意味するものだ。

これらの名前は、もし真実でないならば、たとえ少数であっても致命的な欠陥となるだろう。記・紀その他の資料がまったく記さないのは、編纂者にとって確証が得られなかったからではないか。へたに取り込むと命取りになる。

第二に、この記述があることによって、ニギハヤヒの実在が証される。これだけ多くの従者を伴っていることは、具体性による実在の保証でもある。これに対してニニギには、匹敵する記録も記述もない。

それは何を意味するか。

物語はいくらでも書くことができる。創造性の問題にすぎない。しかし、誰が従者として連なっていたかというのは、勝手に書くことができないのだ。当然ながら、従者一人一人には子孫がいる。もし従者一行を「創造」するなら、その子孫は絶えたことにでもするしかないだろう。

また、記・紀にしるされている程度の「ニギハヤヒ挿話」であるならば、それが創作であると切り捨てることも可能だが、『先代旧事本紀』の記述は創作と片付けることを許さない。

史書においては、史実か否かの確証は、どれだけ多くの情報が有機的に関わっているかにかかっているのだ。その意味でも、『先代旧事本紀』のニギハヤヒについての記述は信憑性が高い。

記・紀のみでは、ニギハヤヒは実在性を確認できない。なにしろたったあれだけの記述なのだから。

しかし『先代旧事本紀』があることによって、記・紀の信憑性もかえって保証されたことになるだろう。

だから、ニギハヤヒは実在した人物である。

そしてニニギは、創られた人物であるか、あるいは従者の数がニギハヤヒほどには付いていない人物であったということになる。

むろん天皇・皇室をはじめとするいくつもの古代氏族の血脈は、遡ればニニギにつながる。だからこの系譜そのものが実在であることは間違いない。ただ、ニギハヤヒの圧倒的な存在感の前には影が薄いのはいかんともしがたい。

だからなのか、ニニギの存在感を高めるために、記・紀はニギハヤヒの存在を希薄化させようとかなり無理をしている。

『先代旧事本紀』にのみ従者や十種神宝が記述されているのは、記・紀ほどには希薄化作業をしなかったからだろう。

ニギハヤヒという名は創作だが、別の名で実在したということになる。

神話の神々は実在した

私は、日本神話に登場する神々は基本的にすべて実在したと考えている。アマテラスもスサノヲも、そういう人物がかつて実在していて、亡くなると神になり、崇められるようになったと考えている。

私は神職（いわゆる神主）でもあるので、そういう立場の人間がこういう主張をおこなうのは不謹慎であるという人もいるだろう。しかしちょっと待ってもらいたい。

神道では、人は死ぬと神になるのだ。あなたも私も、死後は神として祀られる。死の瞬間まで用いていた名前の後に「命《みこと》」を付して、その時から神となる。以後は、永遠にその家系・子孫の守護神となる。仏教では死ぬと「仏《ほとけ》」になるのと考え方としては同様だ。ただし、その「神」や「仏」という概念が何を意味するかは人によって様々な見解があるだろう。

神道では、すべての人間が神からの命令、すなわち「みこと（御言）」を受けた者であり、それをおこなう者「みこともち」であるとする。死して「命」の尊称が付されるのは、神上がりしたとの考え方から来ているとされる。つまり、神になる、あるいは神に還るということである。

だから、東郷平八郎も乃木希典も死後は神として神社に祀られた。そして彼らのような一部の偉人は、多くの崇敬者によって祀るための神社が建立されるが、それ以外の人々も各家々の祖霊舎などに合祀される。そして以後永遠に祖先神として子孫を守護する神となる。これが神道の考え方である。

「氏神」は、かつてそのようにして神となった氏族の祖先のことである。

繰り返すが、神道では人が死ぬと神になる。

すなわち、神は生前に人であったのだ。

この論理を、神によって区別する理由はない。あるいは「天神は特別」と詭弁を弄してはならない。同じ神を「天」と「地」とに分けたのは、まさに特別感を意図的に醸成しようとしたものであるだろう。

そういった神話の構造は、関係性や力学を物語るものではあっても、神の本質ではない。前提として、神は平等に神であろう。そして死した人が神として祀られたものであるだろう。だから、神話の神々はかつて実在した人であるとする。

これは、私が神道人であるからこそ言えることである。もし「神々は実在しなかった」と言う人がいるならば、その人こそはむしろ神道人ではないと言うべきだろう。日本人でないとは言わないが、少なくとも神道人ではない。日本民族は、仏教が渡来するはるか以前から祖先を神として祀り、その守護を祈る暮らしを続けているのだ。全国に遍在する無数の神社はその証しである。

なお、神道には「自然信仰」という側面があって、山や川、湖、樹木、岩などの自然物、あるいは光や風といった自然現象をも神として信仰する。しかしそれらの神も、元は人であって、その遺徳や霊威をそれぞれの自然現象と関連づけて一体化したものと私は考えている。しばしば言われるような「自然現象を擬人化した」ものではなく、人を自然現象に関連付けたものと考えている。

ただしこの考え方は、わが国の神話についてのみの感想である。他国の神話は、必ずしもそうではないだろう。最初から超越的存在すなわち god として創造された場合もあるだろうし、人類の想像力の産物として様々な潤色もおこなわれて来ただろう。

日本でも、仏教が輸入されて、いわゆる神仏習合が始まってからは、本地垂迹説などにも見られるように、後付けで「新しい神話」が様々に創造された。神社の祭神についての縁起は、この際に膨らませたものが少なくない。仏教色を取り除くと本来の神社伝承が見えてくるというケースもしばしば見受けられる。これもまた、神道や神社を誤解させる要因の一つとなっている。

第3章　物部が封印した「天神の血脈」　ニギハヤヒの建国を記す『先代旧事本紀』

『先代旧事本紀』（旧事紀）の核心

『先代旧事本紀』（旧事紀）が偽書扱いされてきたのは、基本的には序文と本文内容との矛盾である。

簡単に言えば、序文において聖徳太子と蘇我馬子によって編纂されたと記しながら、本文には太子や馬子の死後の事象が記されている。

これをもって本居宣長以来この方、『先代旧事本紀』は偽書の汚名を被ることとなったのだ。

しかし近年その資料価値に再評価の機運があって、とくに「国造本紀」は代わるもののない独自の資料であるといえる。

にもかかわらず、満足な全訳さえいまだないのが現状だ。これはひとえに偽書扱いにかかるものである。

近年の再評価のポイントは、序文のみが後世の偽作であって、これを除外すれば、との観点である。

しかし、本当にそうなのだろうか。個々の字句にわたる詳細な検討は本書の役割ではないので省略するが、私たちが見ているのは後世の「写本」である。原典は存在しない。それは記・紀も同じ条件だ。

ただ、写本の成立年代が比較的新しいという弱点はある。写本は写本にすぎないという主張の仕方もあるのだが、やはり時代が下るほど写本の評価は下がることになる。その理由は、原本が失われる可能性が低くなるからであり、写本自体の必要性も同時に低くなるからである。

歴史的に貴重な資料が失われるのは、主に政治的混乱が惹起された時である。とくに政権が交代する時に多くの貴重な資産が消滅した。

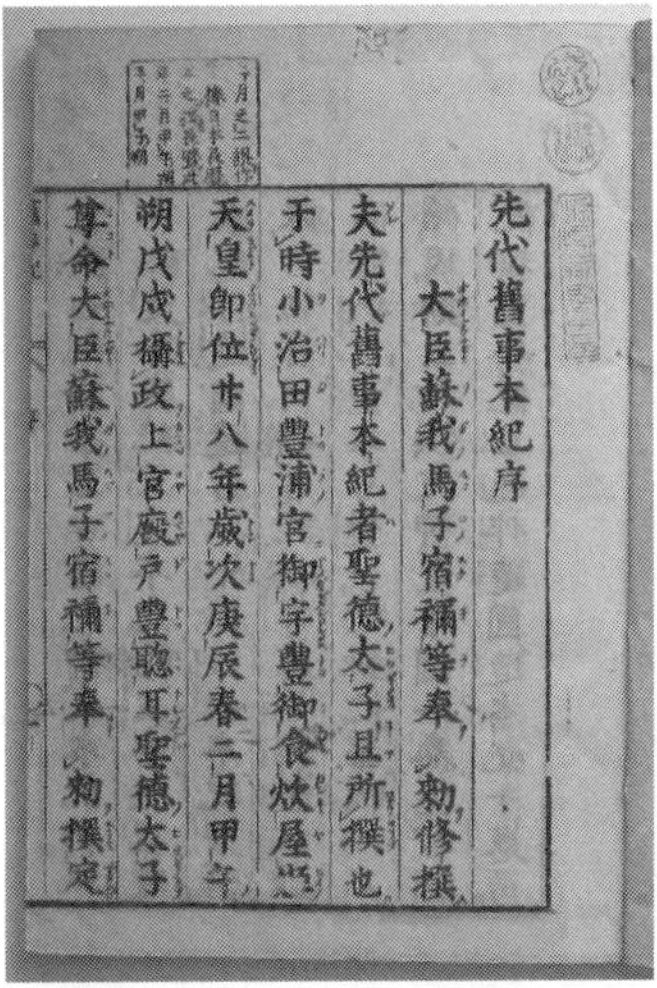

『鼇頭旧事紀』より「序」（著者蔵）

神社や寺院は比較的その災厄から逃れることができているが、それでも戦火に巻き込まれた例は少なくない。正倉院が無傷で残ったのは奇跡とも言えることなのだ。

記録上、日本で最初の歴史書は「太子と馬子が編纂した」と『日本書紀』に記されている『天皇記』

『国記』である。

そしてこれらは、乙巳《いっし》の変、いわゆる大化の改新で蘇我本宗家が焼き討ちされて焼亡したとされる。

私は『旧事紀』の元になった資料、あるいは原典こそは、蘇我本宗家が滅亡した際に焼失したとされる『天皇記』『国記』『臣連伴造国造百八十部并公民等《おみむらじとものみやつこくにのみやつこももあまりやそとものをあわせておおみたからどもの》本記《もとつふみ》』であろうと考えている。もしくは、まさにそのものであったかもしれない。

たとえば記・紀にない「国造本紀」こそは『臣連伴造国造百八十部并公民等本記』の一部ではないかと考えている。

かの六四五年の蘇我邸焼き討ちの際に、原典の一部が救出されたと『日本書紀』に記されているのだ。

「蘇我蝦夷等誅されむとして悉に天皇記・国記・珍宝を焼く、船史恵尺《ふねのふびとえさか》、即ち疾く、焼かるる国記を取りて、中大兄皇子に奉献る。」

船史恵尺なる人物が焼け落ちる蘇我邸から持ち出して、中大兄皇子に献上したと記録にある『国記』こそは、『先代旧事本紀』（旧事紀）の原典そのものかもしれない。

記・紀がそうであるように、現在私たちが目にすることのできる『先代旧事本紀』は「写本」である。あるいは「編集本」であるかもしれない。

これをもって、記・紀より遥かに後世の成立とするのは、研究する者として正しい姿勢とは言えないだろう。

写本につきものの異同や誤記は当然であるが、それ以外に後世の加筆が混在しているために、著しく価値を下げてしまったが、本文のかなりの部分は記・紀より以前の、我が国最古の文字記録であると私は考えている。

『先代旧事本紀』の全体構成

さてそれでは、ここで『先代旧事本紀』の全体構成を紹介しておこう。

巻一　神代本紀　陰陽本紀
　　天地開闢／神世七代
巻二　神祇本紀
　　イザナギ・イザナミの国産み・神産み／黄泉の国／イザナギの禊《みそぎ》
　　アマテラスとスサノヲの誓約《うけひ》／天の岩戸／スサノヲ追放
巻三　天神本紀
　　ニギハヤヒ降臨／天稚彦／出雲の国譲り／オオクニヌシ／アメノオシホミミ
巻四　地祇本紀
　　出雲国の素戔烏尊／少彦名命と三輪山の神／大己貴神の試練／地祇の系譜
巻五　天孫本紀（一云、皇孫本紀）
　　饒速日尊／天香語山命／尾張氏の系譜／宇摩志麻治命／物部氏の系譜（一世〜

七世孫〕／物部氏の系譜〔八世〜十七世孫〕

巻六　皇孫本紀（一云、天孫本紀）（日向三代、神武東征）

瓊々杵尊降臨／木花開耶姫／山幸彦と海幸彦／鸕鷀草葺不合尊／神武東征／布都御魂剣の降臨と兄猾・弟猾／宇摩志麻治命

巻七　天皇本紀

神武天皇／綏靖天皇〜孝昭天皇／孝安天皇〜開化天皇／崇神天皇・垂仁天皇／景行天皇／成務天皇・仲哀天皇・神功皇后

巻八　神皇本紀

応神天皇／仁徳天皇／履中天皇・反正天皇／允恭天皇／安康天皇／雄略天皇／清寧天皇／顕宗天皇／仁賢天皇・武烈天皇

巻九　帝皇本紀

継体天皇／安閑天皇・宣化天皇／欽明天皇／敏達天皇／用明天皇・崇峻天皇／推古天皇

巻十　国造本紀

一三五か国の国造

神皇系図一巻――現在、欠けて伝わらない。

ご覧のように、全体の流れとしては『日本書紀』と同様である。また、前半部については『古事記』とも共通する。本文は漢文で、これは『日本書紀』と同様である。『先代旧事本紀』には記・紀にない重要な記述が少なからずあるが、なかでも本書の存在価値をかけがえのないものとしているのは「人名（氏祖名）」である。

その第一は、巻十の「国造本紀《こくぞうほんぎ》」。

ここには、記・紀にはまったく見られない国造が数多くリストアップされており、『先代旧事本紀』の価値は本巻にあるとまで主張する論者さえいる。

ちなみに国造とは、「くにのみやつこ」「こくぞう」「こくそう」と訓み、古代の地方官であるが、軍事・祭祀などすべて自立している。いわば、連邦制における各国国王に近いだろう。

これほどに重要な国造について、記・紀ではほとんど触れられていないのはむしろ奇異な感じがする。国造の多くが渡来系であることも理由の一つであるだろうが、行政の根幹であったのだ。記・紀が大和朝廷による歴史書であることを鑑みても、国造の存在はこの国の基盤要素であったことは確実である。

また、律令制の成立後も国造の系譜は温存されて、中には出雲国造のように現在にまで続く家系さえある（出雲大社の宮司家である千家《せんげ》氏と北島氏）。

リストアップされている国造は一二九。それぞれの初代国造の系譜が記されている。

なお、その中には、六世紀中頃に大連ではなくなった大伴氏が掲載されていないためそれ以後の記録であり、また七世紀後半から活躍が始まる中臣（藤原）氏系の国造が掲載されていないためそれ以前の記録と推定される。

また、本文用字に七世紀の特徴が見られることから、少なくとも『国造本紀』は七世紀前半の成立ということになるだろう。

つまり六〇一～六五〇年の成立である。七一二年の『古事記』、七二〇年の『日本書紀』より明らかに古い。六二〇年に聖徳太子・蘇我馬子により編纂・成立したとされる『国記』『天皇記』『臣連伴造国造百八十部并公民等本記《おみむらじとものみやつこくにのみやつこももあまりやそとものをあわせておおみたからどものもとつふみ》』の部分・断簡であろうと私が考える所以である。

かけがえのない「人名（氏祖名）」資料の第二は、「ニギハヤヒ供奉衆」の記録である。すなわちこれが、高天原から初めて派遣された「ニギハヤヒ軍の将軍たち」であり、その後建国された、わが国最初の統一王朝である「ニギハヤヒ王朝の幹部たち」である。このリストは、『先代旧事本紀』以外においては意図的に削除されたと私は考えているが、その理由は神武伝説の優越性を主張することにほかならない。

また、この顔触れを一望すれば、ニギハヤヒ国家の性格がよくわかる。

祖神名と、氏族名＋姓《かばね》・職位の一覧である。（下段括弧内は筆者による注記。氏祖として祀る神社の代表、または一例を挙げている。当社を氏神とする氏族はその子孫にあたる。）

高皇産霊尊《たかみむすひのみこと》、勅《の》りて曰《のたま》はく、
「もし葦原中国の敵《あた》、神人《かみ》を拒《ふせ》ぎて待ち戦ふ者あらば、能《よ》く方便《たばかり》を為し、誘欺《こしらへ》を防拒《ふせ》ぎて、治《をさ》め平《む》けしめよ」とて、

三十二人《みそじあまりふたり》をして、並びに防衛《ふせぎまもり》となし、天降《あまくだ》し供《つか》へ奉《まつ》らしむ。

天香語山命《あめのかごやまのみこと》、尾張連《おわりのむらじたち》等の祖《おや》（彌彦《いやひこ》神社、伊夜彦《いやひこ》神社、兵主《ひょうず》神社）ニギハヤヒの長男
天鈿女命《あめのうずめのみこと》、猿女君《さるめのきみ》等の祖（椿《つばき》大神社、大宮《おおみや》神社、天河《てんかわ》神社）
天太玉命《あめのふとだまのみこと》、忌部首《いんべのおびと》等の祖（天太玉命神社、忌部神社）
天兒屋命《あめのこやねのみこと》、中臣連《なかとみのむらじ》等の祖（春日大社、鹿島神宮、香取神宮）
天櫛玉命《あめのくしだまのみこと》、鴨縣主《かものあがたぬし》等の祖（櫛玉命神社、鴨習太《かもならいた》神社）
天道根命《あめのみちねのみこと》、川瀬造《かわせのみやつこ》等の祖（高家《たかいえ》神社、加茂神社）
天神玉命《あめのかむたまのみこと》、三嶋縣主《みしまのあがたぬし》等の祖（神谷《かみたに》神社、一宮《いちのみや》神社）
天椹野命《あめのくののみこと》、中跡直《なかとのあたい》等の祖（都波岐奈加等《つばきなかと》神社、荒船《あらふね》神社）
天糠戸命《あめのぬかとのみこと》、鏡作連《かがみつくりのむらじ》等の祖（鏡作坐天照御魂《かがみつくりにますあまてるみたま》神社、埼田《さきた》神社）
天明玉命《あめのあかるたまのみこと》、玉作連《たまつくりのむらじ》等の祖（玉作湯《たまつくりゆ》神社、櫛玉命神社、玉祖《たまおや》神社）
天牟良雲命《あめのむらくものみこと》、度會神主《わたらいのかんぬし》等の祖（世木《せぎ》神社、天村雲《あめのむらくも》神社、見渡《みわたり》神社）
天背男命《あめのせおのみこと》、山背久我直《やましろのくがのあたい》等の祖（久多《くだ》神社、神足《こうたり》神社）

天御陰命《あめのみかげのみこと》、凡河内直《おおしこうちのあたい》等の祖（御上《みかみ》神社、三上《みかみ》神社）
天造日女命《あめのつくりひめのみこと》、阿曇連《あづみのむらじ》等の祖（乃伎多《のぎた》神社、日倉《ひぐら》神社）
天世平命《あめのよむけのみこと》、久我直《くがのあたい》等の祖（熊野神社）
天斗麻禰命《あめのとまねのみこと》、額田部湯坐連《ぬかたべのゆえのむらじ》等の祖（馬見岡《まみおか》神社、今宮《いまみや》神社、青玉《あおたま》神社）
天背斗女命《あめのせとめのみこと》、尾張中嶋海部直《おわりなかじまのあまべのあたい》等の祖（久多《くだ》神社、大麻《おおさ》神社）
天玉櫛彦命《あめのたまくしひこのみこと》、間人連《はしひとのむらじ》等の祖（大麻《おおさ》神社）
天湯津彦命《あめのゆつひこのみこと》、安藝國造《あきのくにのみやつこ》等の祖（安積國造《あさかくにつこ》神社、比婆八幡神社）
天神魂命《あめのかんむすひのみこと》、葛野鴨縣主《かどののかものあがたぬし》等の祖（一宮《いちのみや》神社、加茂神社）
天三降命《あめのみくだりのみこと》、豊田宇佐國造等の祖（六柱社《むはしらしゃ》、黒口《くろくち》神社、穂見諏訪十五所《ほみすわじゅうごしょ》神社）
天日神命《あめのひのかみのみこと》、對馬縣主《つしまのあがたぬし》等の祖（南室島《なむろじま》神社、阿麻氐留《あまてる》神社、飯干《いいぼし》神社）
天乳速日命《あめのちはやひのみこと》、廣湍神麻續連《ひろせのかむおみのむらじ》等の祖（南川《みなみがわ》神社）
天八坂彦命《あめのやさかひこのみこと》、伊勢神麻續連《いせのかむおみのむらじ》等の祖（大天白社《だいてんぱくしゃ》、飯富《いいとみ》神社、五由里《いゆり》神社）
天伊佐布魂命《あめのいさふたまのみこと》、倭文連《しどりのむらじ》等の祖（刀尾社《たちおしゃ》）
天伊岐志邇保命《あめのいきしにほのみこと》、山代國造《やましろのくにのみやつこ》等の祖（矢掛《やかげ》神社）
天活玉命《あめのいくたまのみこと》、新田部直《にいたべのあたい》等の祖（南方《みなかた》神社、大坪《おおつぼ》神社、上幌《かみほろ》神社）
天少彦根命《あめのすくなひこねのみこと》、鳥取連《ととりのむらじ》等の祖（宿奈川田《すくなかわた》神社）
天事湯彦命《あめのことゆつひこのみこと》、畝尾連《うねびのむらじ》等の祖（祖母嶽《そぼたけ》神社）
八意思兼神兒《やごころおもいかねのこ》天表春命《あめのうわはるのみこと》、信乃阿智祝部《しなののあちのいわいべ》等の祖（阿智《あち》神社、戸隠《とがくし》神社、中山譽《なかやまほまれ》神社）

天下春命《あめのしたはるのみこと》、武藏秩父國造《むさしのちちぶのくにのみやつこ》等の祖（秩父神社、熊野神社）
天月神命《あめのつきのかみのみこと》、壹岐縣主《いきのあがたぬし》等の祖（壱岐八幡神社、月読神社）
五部《いつとものを》の人を副《そ》え、従いて天降り供え奉る。

物部造《もののべのみやつこ》等の祖、天津麻良《あまつまら》（吉瀧《よしたき》神社、深江《ふかえ》稲荷神社）
笠縫部《かさぬいべ》等の祖、天曾蘇《あめのそそ》（笠縫神社、神前《かんざき》神社、金鋳《かない》神社）
為奈部《いなべ》等の祖、天津赤占《あまつあかうら》（爲那都比古《いなつひこ》神社）
十市部首《とをちべのおびと》等の祖、富富侶《ほほろ》（不明）
筑紫弦田物部《つくしのつるたのもののべ》等の祖、天津赤星《あまつあかぼし》（赤星《あかぼし》神社、冨松《とみまつ》神社）

五部造《いつとものをのみやつこ》、伴領《とものみやつこ》となり、天物部《あまつもののべ》を率いて天降り、供え奉る。

二田造《ふたつだのみやつこ》（越後・物部神社）
大庭造《おおばのみやつこ》（堺市・大鳥神社）
舎人造《とねりのみやつこ》
勇蘇造《ゆそのみやつこ》
坂戸造《さかとのみやつこ》（富田林・利雁《とかり》神社）

天物部《あまつもののべ》ら二十五部《はたちあまりいつとものを》の人、同じく兵杖《つわもの》を帯びて天降り、供え奉る。

二田物部《ふたつだのもののべ》
芹田物部《せりたのもののべ》
横田物部《よこたのもののべ》
浮田物部《うきたのもののべ》
足田物部《あしだのもののべ》
田尻物部《たじりのもののべ》
久米物部《くめのもののべ》
大豆物部《おおまめのもののべ》
羽束物部《はつかしのもののべ》
布都留物部《ふつるのもののべ》
讃岐三野物部《さぬきのみののもののべ》
筑紫聞物部《つくしのきくのもののべ》
筑紫贄田物部《つくしのにえたのもののべ》

當麻物部《たぎまのもののべ》
鳥見物部《とみのもののべ》
嶋戸物部《しまとのもののべ》
巷宜物部《ちまたきのもののべ》
須尺物部《すさかのもののべ》
赤間物部《あかまのもののべ》
狭竹物部《さたけのもののべ》
肩野物部《かたののもののべ》
尋津物部《ひろつのもののべ》
住跡物部《すみとのもののべ》
相槻物部《あいつきのもののべ》
播磨物部《はりまのもののべ》

（＊二段表記は原典のまま）

船長《ふねのおさ》同じく共に梶取《かじとり》等を率領《ひき》いて天降り、供え奉る。

船長《ふねのおさ》、跡部首《あとべのおびと》　等の祖　天津羽原《あまつはばら》（神前《かんざき》神社）

梶取《かじとり》、阿刀造《あとのみやつこ》　等の祖　天津麻良《あまつまら》（吉瀧《よしたき》神社、神前《かんざき》神社、金鋳《かない》神社）

船子《ふなこ》、倭鍛師《やまとのかぬち》等の祖　天津真浦《あまつまうら》（同前）

笠縫《かさぬい》等の祖　天津《あまつ》麻《ま》占《うら》（同前）
曾曾笠縫《そそのかさぬい》等の祖　天都《あまつ》赤麻良《あかまら》
為奈部《いなべ》等の祖　天都赤星《あかぼし》（赤星《あかぼし》神社、冨松《とみまつ》神社）

饒速日尊《ニギハヤヒノミコト》は、天神《あまつかみ》の御《み》祖《おや》の詔《みことのり》を禀《う》けて、天《あめ》の磐船《いわふね》に乗りて、河内國河上《かわちのくにかわかみ》の哮峰《いかるがのみね》に天降り坐し、則《すなわ》ち大倭國鳥見《やまとのくにとみ》の白庭山《しらにわやま》に遷り坐す、所謂天の磐船に乗りて、大虚空《おおぞら》を翔り行きて、是の郷を巡り睨て、天降り坐す、所謂『虚空《そら》見つ日本國《やまと》』というは是れなり。

――なお、冒頭の三十二部は、祖神名と氏族名がさらりと列挙されているが、その組み合わせには重大な示唆がある。

本書では一つ一つを採り上げて考究することはしないが、たとえば「天香語山命《あめのかごやまのみこと》、尾《お》張連等《わりのむらじたち》の祖《おや》」とあるのは、ニギハヤヒの実子（長子か）である天香語山が、尾張氏の祖とされているので、ニギハヤヒの血統は物部氏よりもむしろ尾張氏に正統性があることになる。

また、尾張氏は海人族《あまぞく》の出自であるので、その祖たる天香語山もニギハヤヒも海人族ということになる。

ちなみに『日本書紀』では、尾張氏の祖神は天火明命とされているので、この相関関係から「ニギハヤヒ＝天火明」説が出現することになる。

また、伊勢の神職家・度会《わたらい》氏や、安芸国造、宇佐国造、秩父国造らの祖もニギハヤヒに従ってやってきたのだということが示されている。これは古代豪族の血脈をたどる上で、きわめて貴重な〝証言〟である。

こういった手掛かりが、このリストには凝縮されているのだ。しかも、多種多様な技能者までもが列挙されているのは、さらに貴重な記録というべきだろう。

――これが「記・紀」に一切記されなかったニギハヤヒ一行である。

ウマシマジと長髄彦は、これをそっくり継承した。アマテラスの保証である十種神宝ともどもに。神武さえ現れなければ、そのまま彼らは名実ともにヤマトの地に君臨し続けたことだろう。物部氏は、物部を名乗る前に頂点をきわめていたといえるかもしれない。

物部神社は全国に一四社

古代豪族の第一であった物部氏であるが、氏族名の「物部」を冠した神社は意外に少ない。その数は全国に一四社のみ（神社本庁登録）。総本社は島根県大田《おおだ》市に鎮座する物部神社で、石見国一宮である。

▼物部神社（通称　一宮《いっくう》さん）島根県大田市川合町川合1545
【祭神】宇摩志麻遅命（配祀）饒速日命　布都靈神　天御中主大神　五神　鎮魂八柱
（合祀）天照大御神

しかしこの地は、物部氏の歴史的活躍とは縁が薄い。祖神・ニギハヤヒとも関わりはない。祖神の故地は、河内・大和である。名にし負う物部守屋の事績とも無関係であるし、物部一族にとくにゆかりはないのだが、社伝によれば、氏祖・宇摩志麻遅命がなぜか最後の最後に降り立ったとされている。

『鼇頭旧事紀』（著者蔵）

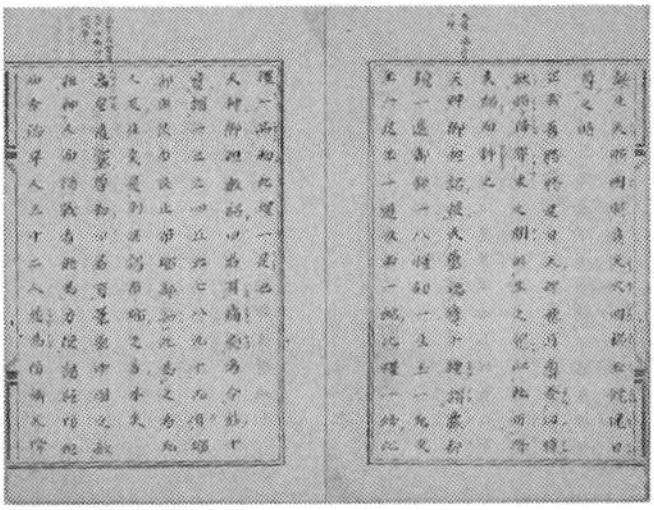
『先代旧事本紀』（三浦為春本）
「天神本紀」冒頭部分

由緒に、こうある。

「神武天皇御東遷のとき、忠誠を尽くしたので天皇より神剣フツノミタマノ剣を賜りました。また、神武天皇御即位のとき、御祭神は五十串を樹て、フツノミタマノ剣・十種神宝を奉斎して天皇のために鎮魂宝寿を祈願されました。（鎮魂祭

の起源）

その後、御祭神は天香具山命と共に物部の兵を卒いて尾張・美濃・越国を平定され、天香具山命は新潟県の弥彦神社に鎮座されました。御祭神はさらに播磨・丹波を経て石見国に入り、都留夫《つるぶ》・忍原《おしはら》・於爾《おに》・曾保里《そほり》の兇賊を平定し、厳瓮《いつへ》を据え、天神を奉斎され（一瓶社《いっぺいしゃ》の起源）、安の国（安濃郡名の起源）とされました。

次いで、御祭神は鶴に乗り鶴降山《つるぶさん》に降りられ国見をして、八百山《やおやま》が大和の天香具山に似ていることから、この八百山の麓に宮居を築かれました。（折居田の起源）」

つまり、転戦してきたウマシマジが最終的に住み着いた地であるという。おそらくは、そのまま終焉を迎えた地でもあるのだろう。そうであるなら、八百山はウマシマジの墓であるだろう。

他の一七社（旧称、通称、境内社の四社を含む）について主祭神を概観してみよう。

▼物部天神社　埼玉県所沢市小手指元町3―28―29

【祭神】櫛玉饒速日命　八千矛命　菅原道眞（合祀）日本武尊　天穗日命　倉稲魂命　應神天皇　宗良親王　小手指明神

▼物部神社　新潟県柏崎市大字下田尻1451

【祭神】天物部命

▼物部神社　新潟県柏崎市大字久米1634
【祭神】品陀和氣尊（合祀）宇麻志麻治命　健御名方命　國常立尊　國狭槌尊　伊邪那岐尊　伊邪那美尊
▼物部神社　新潟県柏崎市西山町大字二田字入之沢602
【祭神】二田天物部命（合祀）物部稚櫻命　健御名方命
▼日吉社（通称　物部神社）新潟県上越市清里区南田中564
【祭神】于摩志摩治命
▼物部神社　新潟県佐渡市小倉乙618
【祭神】宇麻志麻治命
▼物部神社　富山県高岡市東海老坂字川田1068
【祭神】宇麻志摩遲命（合祀）應神天皇
▼物部神社（通称　物部さん・十社明神）山梨県笛吹市石和町松本615
【祭神】饒速日命外十神
▼大石神社（旧称　物部神社）山梨県山梨市西2067
【祭神】大山祇命
▼物部神社（金《こがね》神社境内社）岐阜県岐阜市金町5―3
【祭神】物部大神
▼物部神社　岐阜県岐阜市中西郷2―35

【祭神】宇麻志麻遲命
▼物部神社　岐阜県本巣市上真桑字本郷331
【祭神】物部十千根命　水波能賣神　天照大御神　應神天皇　仁徳天皇　倉稲魂命　菅原道眞　熊野久須美神　速玉男神
▼物部神社（通称　石神堂《いしがみどう》）愛知県名古屋市東区筒井3—31—21
【祭神】宇麻志麻遲命
▼物部神社　三重県津市新家町563
【祭神】宇麻志摩遲命（合祀）五男三女神　天忍穗耳命　天菩卑能命　天津彦根命　活津日子根命　熊野久須毘命　多紀理毘賣命　市杵嶋比賣命　多岐都比賣命（配祀）建速須佐之男命　彌都波能賣命　菅原神　大己貴命　應神天皇　仁徳天皇　火之加具土神
▼物部神社　京都府与謝郡与謝野町石川物部2013
【祭神】宇摩志麻遲命
▼物部神社　佐賀県三養基郡みやき町大字中津隈2725—5
【祭神】經津主神（配祀）市杵嶋姫命（合祀）菅原道眞
▼太神社《だいじんしゃ》（通称　物部太神社《ものべだいじんしゃ》）大分県中津耶馬渓町大字柿坂1327
【祭神】天照大御神（合祀）豐受比賣神　大歳神　素盞嗚命

ウマシマジを祭神に掲げているのは九社、ニギハヤヒは二社のみ。「物部」を社名に冠した神社は、全国にわずか一八社しか存在せず、しかも氏祖・祖神が必ずしも祀られているわけではない。日本で最も古い名族の一つであり、古代ヤマトにおいては政権の中枢にあって国家祭祀をも司っていたにもかかわらず、である。

これが蘇我氏のように滅亡させられたのであれば、その氏神社もわずかに残るのみで、なおかつ祭神を隠す必要もあったであろう。しかし物部氏は、派生氏族も多く、なおかつ公式には石上神宮を氏神としてみずから祭祀をおこない、石上神宮は国家祭祀とも深く関わり続けている。

それでは氏祖ウマシマジを祭神とする神社はこの九社を含めて全国にいくつあるだろうか。

▼ウマシマジ（宇摩志麻遅命、可美真手命）を祭神とする神社は、六〇社（物部神社と重複含む）。

さらに、祖神ニギハヤヒではいかがか。

▼ニギハヤヒ（饒速日命、邇藝速日命）を祭神とする神社は、二〇〇余社（内、四七社は天火明）。

ここでは、少なくとも公認された物部氏の氏祖、祖神に関しての祭祀形態だけでも奇妙な事実が判明することに注目したい。

一、物部の名を冠した神社一四社のうち、祖神ニギハヤヒを併せ祀る社は、わずかに二社しか存在しない。一方、氏祖ウマシマジもしくは物部神を祀る社は一〇社である。

一、氏祖ウマシマジを祀る神社六〇社（物部神社と重複含む）のうち、祖神ニギハヤヒを併せ祀る神社は、一六社にすぎない。後世に配祀したところもあるので、本来の実数は更に少ないだろう。

一、祖神ニギハヤヒを祀る神社二〇〇余社（内、四七社は天火明）のうち、氏祖ウマシマジを併せ祀る神社は、一六社にすぎない。同前項。

これらの事実は何を意味するだろう。

氏祖を祀る者の多くは、祖神を無視している。

祖神を祀る者の多くは、氏祖を無視している。

これが事実だが、こんな氏族があるだろうか。

他の神々を少なからず併せ祀っていながら、みずからの祖神を、あるいはみずからの氏祖を祀っていないのだ。しかしむろんそんな氏族はありえないので、氏祖ウマシマジを祀る六〇社＋αこそが物部氏の氏神であって、ニギハヤヒは祖神ではないと考えられる。

その最大の証左は、物部氏の氏神社たる石上神宮《いそのかみ》にニギハヤヒが祀られていないことにある。ウマシマジは祀られているが、ニギハヤヒは祀られていない。

▼石上神宮　奈良県天理市布留町384
【祭神】布都御魂大神《ふつのみたまのおおかみ》（配祀）布留御魂大神《ふるのみたまのおおかみ》　布都斯魂大神《ふつしみたまのおおかみ》　宇麻志麻治命　五十瓊《いに》敷命《しきのみこと》　白河天皇　市川臣命《いちかわのおみのみこと》

石上神宮は、『日本書紀』において「神宮」の尊称を用いられているのが、伊勢と石上の二社のみであることからも、その社格は際立っている。国家・朝廷の祭祀を司り、古代においては国家祭祀の中核であった。少なくとも、中臣（藤原）氏が台頭するまでは、物部氏と石上神宮こそは政《まつりごと》の中核であったのだ。

しかも創建以来、物部氏みずからによって奉斎されており、一族の氏神として、一族の宗教的中心である。

言うまでもないことだが、氏神社とは、祖神を祀るものである。祖神を祀っているからこその氏神社である。

そして、石上神宮の祀り方を見れば一目瞭然、物部氏の氏神・祖神は布都御魂大神である。

　であるならば、布都御魂大神はニギハヤヒなのか。

　むろんそんなことはありえない。

　布都御魂大神とは、経津主神である。『先代旧事本紀』にも、そのように明記されている。建御雷神が国土平定に用いた経津主神の化身である。

　すなわち、物部氏とは、経津主神を祖神・氏神とする一族なのだ。そのことは、石上神宮が勅命によって奉斎されたものであることから、朝廷によって公式に認定されたという意味でもある。

　物部氏は石上神宮を奉斎するのと並行して『先代旧事本紀』を編纂した。

　ここに記されるのは、祖神ニギハヤヒがいかに偉大であったかという事績の数々と、その地位を継承した唯一無二の子孫である氏祖ウマシマジの正統性である。

　そこに記された「ニギハヤヒ降臨神話」を思い起こしていただきたい。ニギハヤヒは、降臨して、直後に亡くなる。そのあまりにもあっけない亡くなり方は、天の神々の同情を誘い、とくに手篤い葬送が営まれる。

　そして子のウマシマジは、ニギハヤヒの死後に誕生するのだ。

　つまり、ニギハヤヒの地位も権威も従者も、そっくりそのままウマシマジが継承したことになるのだから、この子の誕生にはとてつもなく大きな意味がある。父の顔さえ知らない乳飲み子が、である。これが、物部氏という氏族の始まりなのである。

『古事記』では宇摩志麻遅命《ウマシマヂノミコト》、

『日本書紀』では可美真手命《ウマシマデノミコト》、

『先代旧事本紀』では味間見命《ウマシマミノミコト》、と表記する。

「ウマシマ」は共通し「遅《チ》」「手《テ》」「見《ミ》」が異なる。「美《うま》し」は美称であり、「真《ま》」は尊称であるから、意味を体現しているのは「チ」「テ」「ミ」ということになる。おそらくは「血」「手」「身」を意味するもので、「偉大なる継承者」をそれぞれに意図しているのではないか。


　血は血統、手は建国事業を成し遂げる象徴、身は肉体そのものである。どのみち漢字は借字にすぎないが、意図に沿ってあらためて借字するならば、美志真血、美志真手、美志真身とでもなるだろう。三書それぞれの編纂者の姿勢がこんなところにも表現されているととらえれば、また別の視点で三書を評価する軸が見えて来るだろう。

　なお、ウマシマジはニギハヤヒが長髄彦の妹である三炊屋《みかしきや》媛《ひめ》を娶って生ませた子であるが、降臨した時すでに従者の一人に実子がいた。ウマシマジの異母兄である天香山《アメノカグヤマノ》命《ミコト》である。『先代旧事本紀』には尾張氏の祖とある。

　ウマシマジとともに美濃国、越国、石見国など各地を平定し、天香山命は越国で没して、その墓陵に祀られたのが彌彦神社（越後国一宮）である。『古事記』ではその別名を、高倉下《タカクラジ》としているが、別神であることはすでに第1章で指摘した。

ウマシマジは、物部神社の社伝では、美濃国、越国を平定した後に石見国で没し、その地（島根県大田市川合町）に埋葬されたという。現在の物部神社社殿は、その地に建立されたものだ。

王位簒奪の手法

さてそれでは、ニギハヤヒからウマシマジへ「大王位《おおきみ》」は継承されたのか。ニギハヤヒ降臨に従った多くの将軍・従者たちは、そのまま乳飲み子のウマシマジを大王と仰いだのか。

ニギハヤヒは降臨に際して、子の天香山命を同道していた。三十二供奉衆の第一に連なっている。

大王《おおきみ》ニギハヤヒが死ぬならば、アメノカグヤマがただちに後継として立つのが当然である。しかも異母弟のウマシマジは、父の死後に生まれた乳児にすぎない。

長髄彦は、妹をニギハヤヒと娶《めあわ》せ、子を産ませることで天神の王位を奪おうとしたのではないか。

生まれた子の名「ウマシマジ」とは「産ましまじ」であって、子が生まれる前にニギハヤヒが死んだことは、さらに疑念を抱かせる。

ウマシマジは乳児であるが、伯父・長髄彦が後見人となることで、大王位の継承者として立てられたのではないだろうか。天香山は、長髄彦の力の前に屈することになる。一度は天神に帰順した長髄彦が、みずからの妹に生ませた乳飲み子を立てて大王位を簒奪したのではないか。しかも、ニギハヤヒの死後に生まれた子によって。

いまでは私たちもよく知っていることだが、娘や妹を天皇に嫁がせて、産ませた幼児を皇位に就けて、みずからがその後見となり実権を握るという手法である。これは歴史的にも繰り返された「王位簒奪の典型的手法」である。平清盛がおこない、歴代の藤原、また徳川がおこなったことで知られている。ただ、「死後に生まれた子」に王位継承させた簒奪事例はほかには見当たらない。「父の死後に生まれた子」という経緯に、胡散臭さを感じるのは多くの人に共通するものだろう。

長髄彦による大王位（天皇位）の簒奪と、そのための偽装・カムフラージュは成功した。

しかしそれから時を経て神武が東征してきた際に、長髄彦はみずからが立てた子に殺されることになる。

ウマシマジが本当にニギハヤヒの子であったかどうかきわめて疑わしいとすでに述べたが、少なくとも長髄彦の甥であることは間違いないだろう。みずからの手を汚してまで立てた血族の子に裏切られるという悲劇は、あたかもニギハヤヒの呪いのようだ。

ところでウマシマジの伯父・長髄彦の軍は、神武軍より明らかに強かった。河内から上陸しての初戦では神武の兄・五瀬命が戦死して、退却を余儀なくされている。

これによって神武軍はやむを得ず、大きく紀伊半島を迂回して、熊野から上陸し、ヤマトへ北進する戦術を採る。八咫烏を案内役に得て、進軍は順調に行き始める。

しかしここでも、またもや長髄彦軍が立ち塞がる。

このとき劣勢を打開したのが高倉下が献上した韴霊剣《ふつのみたまのつるぎ》である。

神武はそれを宮中においてウマシマジに祀らせ、さらにその子孫の伊香色雄は勅命を受けて石上神宮に祀る。

この時、国家第一の神社として位置付けられた石上神宮には、三神が併せ祀られた。布都御魂大神《ふつのみたまのおおかみ》、布留御魂大神《ふるのみたまのおおかみ》、布都斯魂大神《ふつしみたまのおおかみ》である。

犯すべからざる禁忌があると、名を秘す。名を秘することによって、禁忌そのものを隠蔽するためである。

布都御魂は、文字を変えたにすぎない。しかしほかは、突然登場した名の神である。名を秘しても、畏怖はかえって高まって、慰霊鎮魂せずにはいられない。これが、人類が最も古くから恐れ続けてやまない怨霊信仰・御霊信仰と呼ばれるものだ。ただ、慰霊鎮魂するためには名が必要で、それゆえに死者を体現する名を新たに作ることになる。

やがて時が経ち、秘された名が忘れられて、その名のみが残った。――その名に秘された正体は何者か。

物部の秘儀「鎮魂」――十種祓詞の謎

神社・神道界には「石上鎮魂行法《いそのかみちんこんぎょうほう》」という秘儀がある。「物部流《もののべりゅう》 鎮魂行法」とも呼ばれる。

古来、石上神宮に伝えられる鎮魂法で、石上の祭神・由来に直接関わる内容のものであるが、宮中でも、また物部神社や彌彦神社などでもおこなわれている。

この鎮魂行法は、本来は石上神宮のみでおこなわれるもので、他社においておこなうものではない。

しかし他にこの種の行法、この種の祝詞がないこともあってか、神社本庁は公式に採用し普遍化したのだと思われる。したがって現在では一般的な鎮魂としてこの行法は広くおこなわれ、それにともなって『十種祓詞《とくさのはらへのことば》』も奏上されている。

十種祓詞は、石上祝詞、物部祝詞などとも呼ばれる。短いものだが、重要な意味をもつのでここに全文紹介しておこう。総ルビにしたので、なにはともあれ音読をおすすめするが、訳文にもお目通しいただきたい。

▼十種祓詞《とくさのはらへのことば》
（書き下し）

高天原《たかまのはら》に神留《かむづま》り坐《ま》す　皇親神漏岐神漏美《すめむつかむろぎかむろみ》の命《みこと》以《も》ちて　皇神等《すめがみたち》の鋳顕《いあら》はし給《たま》ふ十種《とくさ》の瑞宝《みづのたから》を饒速日命《にぎはやひのみこと》に授《さず》け給《たま》ひ　天《あま》つ御祖神《みおやのかみ》は言誨《ことをし》へ詔《の》り給《たま》はく

汝命《いましみこと》　この瑞宝《みづのたから》を以《も》ちて　豊葦原《とよあしはら》の中《なか》つ国《くに》に天降《あまくだ》り坐《ま》して

御倉棚《みくらだな》に鎮《しづ》め置《お》きて　蒼生《あをひとくさ》の病疾《やまひ》の事《こと》あらば　この十種《とくさ》の瑞宝《みづのたから》を以《も》ちて

一二三四五六七八九十《ひとふたみよいつむゆななやここのたりや》と唱《とな》へつつ

布瑠部由良由良《ふるべゆらゆら》と布瑠部《ふるべ》　かく為《な》しては死人《まかりしひと》も生反《いきかへ》らむと言誨《ことをし》へ給《たま》ひし随《まに》まに

饒速日命《にぎはやひのみこと》は天磐船《あめのいはふね》に乗《の》りて　河内国《かはちのくに》の河上《かはかみ》の哮峯《いかるがみね》に天降《あまくだ》り坐《ま》し給《たま》ひしを　その後《のち》大和国山辺郡布留《やまとのくにやまべのこほりふる》の高庭《たかには》なる石上《いそのかみ》神宮《かみのみや》に遷《うつ》し鎮《しづ》め斎《いつ》き奉《まつ》り　代代《よよ》其《そ》が瑞宝《みづのたから》の御教言《みをしへこと》を蒼生《あをひとくさ》の為《ため》に　布瑠部《ふるべ》の神辞《かむごと》と仕《つか》へ奉《まつ》れり　故《かれ》この瑞宝《みづのたから》とは

瀛津鏡《おきつかがみ》　辺津鏡《へつかがみ》　八握剣《やつかのつるぎ》　生玉《いくたま》　足玉《たるたま》　死反玉《まかるがへしのたま》　道反玉《ちがへしのたま》　蛇比礼《へみのひれ》　蜂比礼《はちのひれ》　品品《くさぐさの》物比礼《もののひれ》の十種《とくさ》を布留御魂神《ふるのみたまのかみ》と尊《たふと》み敬《いや》まひ斎《いつ》き奉《まつ》ることの由縁《よし》を　平《たひら》けく安《やす》らけく聞《き》こし食《め》して　蒼生《あをひとくさ》の上《うへ》に罹《かか》れる災害《わざはひ》また諸諸《もろもろ》の病疾《やまひ》をも布留比除《ふるひの》け祓《はら》ひ却《や》り給《たま》ひ　寿命《いのち》長《なが》く五十《い》橿《かし》八桑枝《やぐはえ》の如《ごと》く立《た》ち栄《さか》えしめ　常磐《ときは》に堅磐《かきは》に守《まも》り幸《さきは》へ給《たま》へと恐《かしこ》み恐《かしこ》み白《まを》す

（訳文）

高天原におられる皇祖のカムロギ神、カムロミ神の詔《みことのり》によって、神々が鋳造された十種類の神宝をニギハヤヒ命に授けられ、アマテラス神はこう言われた。

「ニギハヤヒ命よ、この神宝をもって、豊葦原の中つ国（日本国）に降りて、御蔵に鎮め納め、蒼生《あおひとぐさ》（か弱き国民）が病になった時は、この十種の神宝を用いて一二三四五六七八九十《ひとふたみよいつむゆななやここのたりや》と唱えながら、タマフリせよ、ゆらゆらとタマフリせよ。これをおこなえば、死人も生き返るだろう」

そのお言葉に従い、ニギハヤヒ命は、天磐船に乗って河内国の河上にある哮峯に降り立ち、その後、大和国の石上神宮にこれらの神宝を移して鎮め納められ、人々のためにこの秘法を「布瑠部《ふるべ》の神辞《かむごと》」として伝えられた。

この神宝とは、瀛津鏡《おきつかがみ》　辺津鏡《へつかがみ》　八握剣《やつかのつるぎ》　生玉《いくたま》　足玉《たるたま》　死反玉《まかるがへしのたま》　道反玉《ちがへしのたま》　蛇比礼《へみのひれ》　蜂比礼《はちのひれ》　品品物比礼《くさぐさのもののひれ》の十種《とくさ》で、これらの神宝を布留御魂神《ふるのみたまのかみ》として、国民に降りかかる災いやいろいろな病を振るい除き、祓い捨てて、末永く健やかに長寿を保てますようお守り下さい、と謹んで申し上げます。（＊書き下し、訳文はいずれも著者による。）

ご覧のように『十種祓詞《とくさのはらへのことば》』には、文字通り十種の神宝が列挙されている。また、その神宝にまつわる霊言も訓み込まれている。

しかしこれらは記・紀にはまったくないもので、『先代旧事本紀』のみに収載されているものだ。記・紀の位置付け、また『先代旧事本紀』の位置付けから考えれば、神社本庁はこれをすんなり認めるわけにはいかないはずなのである。

すでにふれたが、『先代旧事本紀』は、学術的には「偽書」とされているのだ。近年、見直しの機運が高まっているとはいうものの、学会において基本的な評価が変わったわけではない。だからこそ本書では『先代旧事本紀』の解明に直接関わるテーマにあえて取り組んでおり、それは本庁の方針とは必ずしも一致していない。

にもかかわらず、この祝詞は石上鎮魂行法の祝詞として、神社本庁は公式採用した。すなわちここに記された内容をも追認したということでもある。

繰り返すが、この内容は『古事記』にも『日本書紀』にも記載はまったくない、『先代旧事本紀』のみに克明に記されているものである。それでもなお起用採用されるのは、「鎮魂」という神道の祭祀が何を目的とするものなのかという一点に尽きるだろう。この祝詞を奏上して、物部流の鎮魂行法をおこなうことによって、いったい何者の魂を鎮めようというのか。

鎮魂次第は大祓祝詞、十種祓詞などを奏上することから始まるが、その中核となるのは「布瑠《ふる》部神業《べのかむわざ》」といわれる所作であって、その概要は次のようになる。

一、安座し（両足の裏を合わせて座る）息の術（深呼吸、ここで消灯）。
二、手の術（左右の掌を組み重ねて、ひふみ祓詞を奏上し、手を組み替えて十種神宝大御名を奏上）。
三、「左振り・右振り・前振り・後振り・中振り」を一回としてこれを一〇回繰り返す。
四、十種神宝大御名を奏上して組み掌を解く（ここで点灯）。

一、二を「たましずめ」、三、四を「たまふり」ともいう。

宮中の鎮魂祭では、鎮魂《たましずめ》の儀、魂振《たまふり》の儀と二つに分けておこなわれている。

鎮魂という言葉・語彙は、元々は陰陽道のものであって、神道のものではない。

折口信夫は、鎮魂を本来の神道の思想としてとらえていて、みずからの魂を押しとどめるのが「たましずめ」であり、みずからの魂を揺さぶって活性化させるのが「たまふり」であるとしている。つまり、鎮魂が「慰霊」すなわち「死者の霊魂を慰めるもの」となったのは後世であるとする。——しかしはたしてそうだろうか。

神社本庁による鎮魂行は、確かにみずからの魂を鎮めるものである。その意においては、折口説に準拠するものであろう。

そして、神社本庁が採用したことにより、全国の多くの神社でそのようにおこなわれている。

しかし、神社が、あるいは神職が、自分のために祈ることは本来あまりない。神職たる者は「仲取り持ち」であって、神と人との媒介である。媒介をおこなうように相応しい潔斎を常に心掛けて、浄き明《あか》き正しき直き心をもって祭祀をおこなう（浄明正直）。

たとえば禊行《みそぎぎょう》は、まさに自分の心身を清めるためにおこなうものであるが、それとても清めた心身をもって、国家安寧などの祈禱をおこなうためである。自分の心身を清めるのが目的ではなく、清めた心身をもって祭祀をおこなうための手段なのである。

ところが、本庁公認の鎮魂行法は、みずからの魂鎮めで完了してしまうのだ。つまり地球や国家や地域や国民などのために祈るのではなく、自分自身のために祈るものだ。仏教で言えば自力本願、あるいは解脱に近い。みずからが悟りを拓くために修行をおこなうものだ。

このような行法は、新宗教系の神道教団ではごく一般的におこなわれるものであるが、本来の神社神道には馴染まない。

「鎮魂」の由来

そもそも「鎮魂」という語彙は、『古事記』『日本書紀』『風土記』にはない。『先代旧事本紀』には、一カ所、一語のみ記される。（巻五「天孫本紀」）

（書き下し）

宇摩志麻治命は、十一月《しもつき》の朔《ついたち》庚寅《かのえとらのひ》に、初めて瑞宝《みづたから》を帝妃《みかどきさき》のために斎《いつ》き奉《たてまつ》り、御《み》魂《たま》を鎮《しず》め祭りて、寿《みいのち》の祚《さいはひ》を祈《いの》り請《こ》ふ。其の鎮魂《たましずめ》の祭《まつり》は、此れより始るか。

宇摩志麻治命に詔《みことのり》して曰《もうさ》く、

「汝《いまし》の先考《みおや》・饒速日尊《ニギハヤヒノミコト》、天《あめ》より天璽瑞宝《あまつしるしみづのたから》を受け来る、此れを以て鎮《しずめ》と為し、年毎に仲冬《しもつき》の中の寅《とらのひ》を例《つね》と為し、有司事《つかさつかさこと》を行い、永《ひたぶる》に鎮祭《しずめのまつり》と為せ」とのたまふ。所謂「御魂鎮祭《みたましずめのまつり》」は是也。

凡《およ》そ厥《そ》の鎮祭《しずめまつり》の日、猿女君《さるめのきみ》等、其の神楽を主《つかさど》り、其の言《こと》を挙げ、大きに一、二、三、

四、五、六、七、八、九、十と謂いて、神楽歌い舞う。尤《もっと》も瑞宝に縁《よ》るとは、蓋《けだ》し斯《こ》れを謂ふか。

（訳文）

宇摩志麻治命は、十一月《しもつき》の十五日に、初めて瑞宝《みづたから》を奉斎することによって、天皇と皇后のため御魂鎮《みたましず》めの祭りをおこなって、長寿と幸福を祈った。鎮魂祭というものは、これより始まったものである。

天皇は宇摩志麻治命に命じた。

「汝《いまし》の父親の饒速日尊《ニギハヤヒノミコト》は、天《あめ》より天璽瑞宝《あまつしるしみづのたから》を授けられたが、これをもって鎮《しずめ》と為し、毎年仲冬《しもつき》の中の寅《とらのひ》に、専従の者を指導して、永続的に鎮祭《しずめのまつり》をおこなえ」と。いわゆる「御魂鎮祭《みたましずめのまつり》」とはこれのことである。

それからは鎮祭《しずめまつり》の日には必ず、猿女君《さるめのきみ》等が神楽を司り、大きな声で一、二、三、四、五、六、七、八、九、十と言挙げして、神楽を歌い舞う。瑞宝に由縁するというのは、このことをいう。

（＊書き下し、訳文ともに著者による。）

これがわが国における「鎮魂」というものの由来・淵源とされている。

それではここでウマシマジは誰のために鎮魂をおこなっているか。本文をそのまま受け取れば天皇・皇后のためにおこなっている。そして天皇から「今後も定期的におこなうように」との詔を賜っている。

現在広くおこなわれている鎮魂行法は、まさにこのくだりに依拠しているものである。したがって自分のための行ではない。天皇・皇后のための行である。ということは、国家安寧のための行なのである。つまり、もともと鎮魂は自分のためのものではない。天皇や国家のためにおこなう祈りの祭祀である。

物部の本当の氏神とは

それでは石上の鎮魂とは、本来何を鎮魂するものなのか。

十種祓詞の内容を見れば一目瞭然、これはニギハヤヒを鎮魂するものに他ならないだろう。ここに記されているのは十種神宝がいかに偉大な力を保有しているかということであり、すなわちそれを授与されてこの地へもたらしたニギハヤヒへの讃美である。

このいわば〝賛美歌〟によって石上鎮魂はおこなわれる。

であるならば、この〝賛美歌〟によって魂を鎮められるのは誰か、慰霊されるのは誰か——その最大の対象者は当のニギハヤヒの霊魂《みたま》であって、それ以外の何ものでもないだろう。

石上神宮の祭神を再確認しておこう。

▼石上神宮　奈良県天理市布留町384
【祭神】布都御魂大神《ふつのみたまのおおかみ》（配祀）布留御魂大神《ふるのみたまのおおかみ》　布都斯魂大神《ふつしみたまのおおかみ》　宇麻志麻治命　五十瓊《いに》

敷命《しきのみこと》　白河天皇　市川臣命《いちかわのおみのみこと》

『石上神宮略記』によれば、祭神は布都御魂大神であって、布留御魂大神・布都斯魂大神は他の祭神と同じく配祀であるとする。

布都御魂大神
布留御魂大神
布都斯魂大神

こうして並べてみるとよりはっきりするが、なんと似通っていて区別分別しにくい神名だろう。配祀の神は、主祭神の名をそれぞれ一文字変えたにすぎない。しかもいずれも、石上に祀るために創られた神名である。石上鎮座でいきなり登場する。このことについては後であらためて述べる。

なお、配祀といっても、あくまでも主祭神を明確に区別するための表現であって、必ずしも後から祀ったということではない。おそらく布留御魂大神は同時期であって、神宮創建と同時か、相前後する時期に祀られたと思われる。

布都斯魂大神は、それよりしばらく後れて祀られたかもしれない。刀剣類の霊位を鎮魂するのであれば、この宮に優るものはないという認識があって、特別な由来のある刀剣類は、ことごとく石上に納められた。その中でも特別の霊位をもって祭神に列せられたものだろう。

神宮は初め、宮中にて創祀されたと『略記』にあるが、これは布都御魂剣が宮中に奉斎されていたということだろう。

「(石上神宮は) 神武天皇御即位元年、宮中に奉祀せられ、崇神天皇七年に宮中より現地、石上布留高庭に移し鎮め祀られる。

御祭神・布都御魂大神は、又の御名を甕布都神《みかふつのかみ》、佐士布都神《さじふつのかみ》とも申し国平けの神剣、布都御魂にます。神代の昔、天孫降臨に際り、経津主、武甕槌の二神と共に、国土鎮定の大業を成就し給い、更に神武天皇御東征の砌《みぎり》、紀の国熊野において御遭難の折、天つ神の勅により、再び天降り給い、邪神賊徒を平げ建国の基礎を定め給えり。

神武天皇は御即位の後その功績を称えて、物部氏の遠祖宇摩志麻治命に命じ、永く宮中に奉斎せしめ給うた。

その後第十代崇神天皇七年に物部の祖、伊香色雄命が勅により現地石上布留の高庭に鎮め祀り石上大神と称えまつったのが当宮の創めである。」

社号は石上神宮のほか、石上振神宮、石上神社、或は石上社、布留社等とも呼ばれており、『延喜式神名帳』には、石上坐布都御《いそのかみにますふつのみ》魂《たま》神社とある。

すなわち石上神宮の祭神・布都御魂大神《ふつのみたまのおおかみ》こそが、物部の氏神である。つまり、物部氏の本当の祖神は経津主神であるということだ。ニギハヤヒではない。

鎮魂される布都御魂

布都御魂＝韴霊剣とは、証言によれば、内反りの剣であるという。

布留山の麓の禁足地に埋納されていた韴霊剣は、明治七（一八七四）年、大宮司であった菅政友によって掘り出され、本殿に御神体として奉安された。その際に、複製が作られた。

日本刀は刃を外に背を内に反らせているが、韴霊剣はこれとは逆に刃を内にして湾曲したものという、つまりは「鎌」や「斧」のタイプである。柄頭に環頭の付いた形状で、全長約八五センチメートルという。

内反りの剣は、実戦では役に立たないとする意見もある。武器としての鎌はその形状から突く、切る、と言った攻撃が薙鎌などの一部の長柄以外できないこと、薙《な》ぐ場合も手前に引く動作が必要となるために、手の届く距離の半分程度しか有効間合いにならない、突き立てるように使う場合も間合いが致命的に狭いことが欠点としてあげられる。

日常の道具として生まれた鎌や斧では、戦闘のためだけに特化された剣や槍には勝てな

韴霊剣
（発掘図による復元）

いとされる。

正倉院御物に「刀子《とうす》」というものがある。小型のナイフといった形状で、内反りであるが、文具であったとされている。つまり内反りの刃物は、農機具や文房具であって、武器としてはきわめて珍しいということだ。

ただ、別の用途であれば問題はない。

思い出していただきたい。本書の冒頭で神倉神社の御燈祭を紹介したが、松明の男たちを、先導する神倉聖が斧《おの》を掲げて統括した。

斧こそは、刃物の中でも数少ない「内反り・内湾曲」である。かつて、高倉下が韴霊剣を振りかざしたなごりなのか、それともこちらが起源なのかはわからないが、この一致は重要な示唆である。

『先代旧事本紀』には、布都御魂は経津主神の神魂であると記される。

経津主神を祭神とする神社は全国に二二〇〇余社鎮座するが、その大半は春日・香取であって、本来のものではない。経津主神は、本来それを氏神とする物部が隠したために中臣に奪われ、かえって隆盛することとなったのは皮肉なことだ。

また、鹿島神宮には布都御魂剣と称する長大な直刀が伝世されているが、後世の作であって、祭神あるいは依り代として祀られていないのは、それだけの位置付けだからであろう。

七支刀を石上神宮の御神体・御祭神と勘違いしている人が少なくないが、単なる献上品の一つにすぎない。当時、日本へ朝貢していた百済が様々なものを天皇へ献上していたが、そのうちの一つ。中国製の七支刀に銘文を金象嵌して献上したものだ。最盛期の石上の収蔵庫には一〇〇〇振り以上の刀剣が納められていたという。この規模は「国家の武器庫」と同義である。

布都御魂大神（または石上大神）を祭神とする神社は九九社。いずれも石上神宮からの分祀である。

ただ、これらとは別に、社名に掲げる神社がある。

▼石上布都魂神社《いそのかみふつみたま》（通称　お神社様）岡山県赤磐市石上1448

【祭神】素盞嗚尊

式内社であり、備前国一宮である。祭神は素盞嗚尊となっているが、もともとは社号の通り布都御魂とされる。しかし由来では、十握剣を祀ったのが創祀であるとされ、剣は崇神天皇の御代に石上神宮へ遷されたという。その伝承は当社にも、また石上にも伝わっており、十握剣の由来には整合があるところから、霊位は布都斯魂＝素盞嗚尊であるだろう。

しかしもとは、韴霊剣も十握剣もともに霊位は布都御魂であったのやもしれない。「ふつ」とは単に刃物のことであって、「ふつのみたま」は「剣の霊位」ほどの意味である。すなわち神霊剣であれば、いずれも布都御魂である。十握剣は、石上に祀られる際に韴霊剣の霊位と区別するために布都斯魂と称されたとも考えられる。

石上鎮座の真相

氏神・布都御魂大神とともに、また布都斯魂大神とともに配祀神として祀られる布留御魂大神とは何者か。

『略記』は、それを「天璽瑞宝十種に籠る霊威」としている。

「配祀神・布留御魂大神は天璽瑞宝十種に籠る霊妙なる御霊威にます。瑞宝十種は、謂ゆる瀛津鏡一つ、辺津鏡一つ、八握劒一つ、生玉一つ、足玉一つ、死反玉一つ、道反玉一つ、蛇比礼一つ、蜂比礼一つ、品物比礼一つ、にして神代の昔饒速日命が天降り給う時、天つ神の詔をもって、『若し痛む処あらば、茲の十宝をして、一二三四五六七八九十と謂いて、布瑠部由良由良止布瑠部。此く為さば、死人も生き反えらん』と教え諭して授け給いし霊威高き神宝なり。」

しかし、そうであるならば、巷間行方不明とされているこれら十種神宝は、石上神宮に収められていなければならないことになる。

確かにそれをうかがわせる、あるいは示唆する事象のないことはない。

すなわち先に紹介した「十種祓詞」であり、「石上鎮魂祭祀」である。祓詞は、十種神宝をすべて数え上げて、なおかつそれにともなう呪言を唱える。しかもその祓詞を奏上することと独自の鎮魂祭祀が一体となっている。

そして『略記』にも、「その御子、宇摩志麻治命は神宝を天皇に奉り、韴霊の神前に蔵めて、永く宮中に奉斎せられたが、崇神天皇の御代に韴霊と共に石上布留の高庭に鎮り給うた。」とある。祟り神を鎮魂したという伝承である。

桓武天皇の御代（延暦二三年）に、石上神宮の剣（兵仗）を山城国葛野にすべて移した。移動要員は実に延べ一五万七〇〇〇人にも及んだという。しかし新たに納めた倉が倒れ、さらに兵庫寮に移したところ、天皇が病に倒れ、怪異が次々に起きたという。

そこで石上神宮に勅使を派遣し、女巫に命じて降神させたところ、布都御魂大神ではなく布留御魂大神が女巫に憑依して一晩中怒り狂った。そのため、天皇は自分の歳の数と同じ人数の六九人の僧侶に読経させた上で、神宝を戻したという。（『日本後紀』巻十二）

またこの年は、たびたび地震が起きている。

この経緯記録によって、布留御魂大神こそはニギハヤヒであって、その鎮魂こそが石上神宮の存在理由であることがわかる。布都御魂大神＝韴霊剣を主祭神として第一に掲げているのは偽装《カムフラージュ》であろう。

フルノミタマとは、降る御玉であろう。

文字は、三柱の祭神名に統一感をだすために「布都」「布留」としたものだろう。なにしろこの神は、石上で生まれ、石上から発した神である。


石上の神体山は何と呼ばれているか。

もちろん「布留山」である。「布都山」ではなく、「布留山」なのである。

石上は、布留を鎮魂するために創建された社祀なのだ。主祭神をフツノミタマとしたのは、目眩ましである。

社号の「石上」。さながら「磐座の上に築かれた社」を示唆する社号であるが、そういうタイプの社号というのは実はあまり現実的ではない。さしずめ滝下神社や山元神社、湖岸神社に相当するだろうが、辺境の小祠にはあっても、中央の大社ではありえないものだ。まして創建の経緯や時期がはっきりしている国策系の神社ではなおさらありえない。

「石上」という表記には、あえて無意味化を企図する政治的意向があったのではないだろうか。

「石上」という表記には意味はなく、重要なのは、その訓み方である。

「いそのかみ」とは、「五十神《いそのかみ》」であろう。

あるいは「伊曾神《いそのかみ》」。

すなわち五十猛神である。ニギハヤヒと名付けられたヤマトの初代王・五十猛である。

「もののべ」の由来

そもそも物部の「もの」とは「うちもの」のことであって「刃物」「武器」を意味する。

つまり「刃物部」である。


白川静は『字統』の「物」の項で、こう記している。

「『周礼、司隷』『その物を釆辨じて、その政令を掌る』の注に、『物とは衣服・兵器の属なり』とみえ、それらのものには、古くは氏族霊が宿るとする観念があった。わが国でも、『もの』という語には『もののけ』のように精霊的な観念のなごりがみられる。物故とは、死して鬼神に化する意、物化とはその変化の相をいう。」


大槻文彦の『大言海』「もの」の項。

「目ニ見エヌヨリ、大凡ニ、鬼、魂ヲ、ものト云ヘリ。鬼魅。邪神。妖鬼。物ノ気。物狂。物ノ態。物ノ託キタルモノ。」

また、

「兵器《ツハモノ》」とある。また、本書では「ものハ兵器ノ義。ふハ夫ノ義」とある。


『日本国語大辞典』

「神仏、妖怪、怨霊など、恐怖・畏怖の対象。」

「（武と書くこともある）他の語の上に付いて、戦（いくさ）や戦陣に関する事物である意を表す。『もののぐ』『ものいろ』『ものがしら』『ものぬし』など。」


いずれにも共通するのは「鬼神」と「兵器」である。

すなわち「祭祀（宗教）」と「軍事」である。

統治者の権力とは、古来「祭祀」と「軍事」と「経済」である。

物部は、このうち実に二つまでも担っていたと思われる。

これはもはや臣下ではないだろう。天皇《おおきみ》と一体の「王家」の者であり、一族であると理解しなければならない。


初めにヤマト言葉ありき、その後、漢字を求めて合体する。それが最も古い時代の日本語表記の成り立ちである。氏族名も当然例外ではない。

「もののふ」というヤマト言葉がまずあって、これを漢字表記するために「物（ブツ）」と「部（ブ）」という漢字を借りることとした。物は武器を意味する漢字であり、

剣名	霊位	本体	奉斎社	素材	形状
韴霊剣	布都御魂大神	経津主神	宮中 ↓石上神宮	隕鉄	鎌刀
十握剣 （天羽羽斬剣）	布都斯魂大神	素戔嗚尊	石上布都御魂神社 ↓石上神宮	砂鉄	片刃直刀
天叢雲剣 （草薙剣）	八岐大蛇（龍神）	大物主神 ＝長髄彦	宮中 ↓伊勢神宮 ↓熱田神宮	隕鉄	不明
八握剣	布留御魂大神	五十猛神 ＝饒速日尊	宮中 ↓石上神宮	隕鉄	両刃直刀

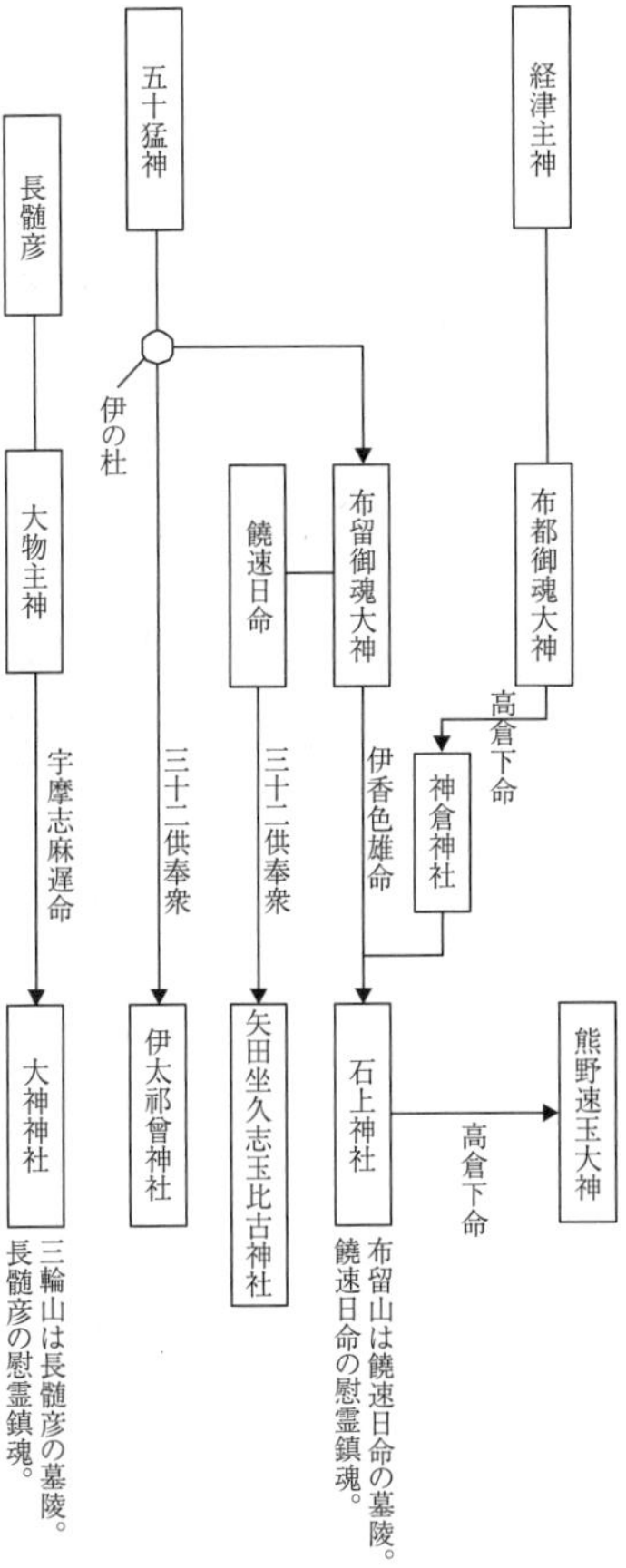

「ニギハヤヒ／物部」関連系図

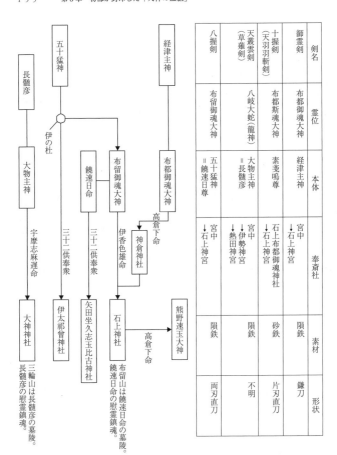

部は職掌（それを司る者）。しかし物部と書いて中国人には「もののふ」とは読めない。漢音で「ブツホ」、呉音で「モチ」「ブ」。いずれも当時の日本人には馴染みがない。

むしろ「部」は、品部《しなべ》で馴染んでおり、「べ」と訓むのが浸透していたと思われる。そんな環境にあっては、軍事に携わる氏族すなわち「もののふ」を「物部」と表記しているうちに「もののべ」と訓読するようになるのは自然の成り行きというものだろう。

第4章　鉄器と五穀を伝えた「渡来の道」紀伊・熊野に根付いたニギハヤヒの血脈

倭武天皇と草薙剣の正体

『風土記』には、記・紀その他の史書にもない貴重な記録が少なからずある。

それらは、政治はもちろん、社会・生活・習慣など古代全般を知るための情報源として欠かせないものだ。

そしてその貴重な情報の中には思いがけないものもある。

たとえば『播磨国風土記』に宇治天皇と記されるのは、応神天皇の皇子・菟道稚郎子《うじのわかいらつこ》のことだ。他の史書では天皇とはされていないし、もちろん歴代天皇にもカウントされていない。しかし本書には、はっきり〝天皇〟と書かれている。

これと同様の例が『常陸国風土記』にもある。ここに記されているのは「倭武天皇」である。倭武はヤマトタケルと訓む。

ヤマトタケル（日本武尊、倭建命）が天皇になったという記録は他の史書・記録にはもちろんまったく存在しない。さらに歴代天皇にカウントされていないのは言うまでもない。しかし『常陸国風土記』の記述では皇位に就いたとされるのだ。

しかも「倭武天皇」には、宇治天皇とは次元の異なる重大な意味がある。宇治天皇については〝誤認〟で片付けることは可能である。ただ宇治天皇と記されるばかりで、それを補完するような情報・記述がまったくないからだ。しかし倭武天皇については、実は「裏付け」が存在するのだ。しかもその「裏付け」は、他の歴史書に明記されているものだ。

ヤマトタケルの事績については、あまりにも有名だ。ヤマトタケルは、その父・景行天皇より、熊襲征討を命ぜられ、戻る間もなく今度は東夷の征討を命じられた。

この時、なぜか本来のルートから大きく外れて伊勢神宮へとおもむき、そこで叔母の倭姫命《やまとひめのみこと》から天叢雲剣《あめのむらくものつるぎ》（当然ながら、この時点ではまだ草薙剣という呼び名になっていない）を授けられ、それを携えて東国へ出征したと記されている。

誰もが知るこのくだりは、三種の神器の一つである草薙剣の由来を伝えるものであって、重要なものだ。読者の大半も、きっとご承知のエピソードと思う。

ここでもし、ヤマトタケルが受け取るという手続きがなかったと考えてみよう。そうすると、剣は熱田へ行かない。つまり、鏡と共に伊勢神宮にそのまま鎮座していたことだろう。

そして剣の名も草薙剣になることはなく、天叢雲剣のままということになる。

しかし剣は、ヤマトタケルの佩刀として東国へ向かい、草薙剣になった。

あえて言うが、このエピソードは、決して読み流してはならない。この記述には、二つの重大な意味・事実が示されているのだ。

一つは、三種の神器のうち八咫鏡と天叢雲剣が、それまで伊勢神宮にあったこと。

もう一つは、倭姫命によって天叢雲剣がヤマトタケルに授与された、ということ。

この二つの事実が示す意味は、重い。

まず第一の事柄について解き明かそう。

第十代・崇神天皇の時、八咫鏡と天叢雲剣が祟りを為したので、皇居の外に祀ることとした。奉仕したのは皇女・豊鍬入姫命《とよすきいりひめのみこと》である。

その後、奉仕の役目は豊鍬入姫命から倭姫命へと引き継がれる。

倭姫命は、第十一代垂仁天皇の第四皇女。二種の神器にふさわしい鎮座地を求めて遷御をおこない、最終的に伊勢の地に御鎮座となる。

これがいわゆる伊勢神宮である。正しくは皇大神宮（内宮）と豊受大神宮（外宮）。両宮を総称して神宮とのみ称するのが正式である。

そして倭姫命は初代の斎宮となった。つまり伊勢神宮のトップであり、天皇の名代であり、国家の宗教的権威の象徴である。

さてそれでは、その初代斎宮が奉仕する神は、何者であろうか。

もともと宮中で祀られていて、天皇の宗教的権威を保証する神とは。

八咫鏡は、皇祖神アマテラスの依り代である。

それでは天叢雲剣は、はたしていかなる神の依り代か。

いずれにせよ、伊勢神宮創建の際には、まぎれもなくこの二柱の神が祀られていたのだ。


三種の神器の一つである草薙剣は、現在ではスサノヲの依り代ということになっている。

しかし由来を考えると、十握剣《とつかのつるぎ》がスサノヲの依り代であれば合点が行くが、草薙剣（天叢雲剣）だとすると理屈に合わない。

スサノヲがヤマタノオロチを退治した際に、その尾から出て来たとしているが、それならばオロチ退治を成し遂げた十握剣こそがスサノヲの依り代として祀られるべきであるだろう。

スサノヲの佩刀《はいとう》・十握剣は「勝者の剣」であり、ヤマタノオロチの体内刀・天叢雲剣は「敗者の剣」である。だからこそ天叢雲剣は怨霊神となって、崇神天皇の御代に祟りを為した。敗者が祟るのであって、勝者のスサノヲが祟る謂われはないだろう。

つまり、天叢雲剣は別の誰かの依り代である。

崇神天皇は、剣の祟りを鎮めるために大神《おおみわ》神社を祀った。

その大神神社の祭神は誰か。

▼大神神社（通称　三輪明神　三輪さん）奈良県桜井市三輪
【祭神】大物主大神（配祀）大己貴神　少彦名神

すなわち、天叢雲剣はオオモノヌシの依り代以外にはありえないということだ。つまり、祟り神はオオモノヌシである。

祟り神・オオモノヌシ

それではオオモノヌシとは何者か。

「最古の神社」といわれる大神神社は、実は祭祀形態としても古式をとどめていて、多くの神社とは異なっている。普通に参拝しただけではわかりにくいが、拝殿はあるものの、その奥に本殿はない。拝殿の奥はそのまま三輪山であって、三輪山そのものが御神体である。そして三輪山は、オオモノヌシの墓、御陵であるだろう。

『古事記』では、オオクニヌシが三諸山《みもろやま》（三輪山）へオオモノヌシを祀ったとしているが、ヤマトを去ることになるオオクニヌシが、自らの霊威を引き継がせるために三輪の王としてのお墨付きを与えるための関連づけであるだろう。

そしてオオモノヌシの正体・実体について、「オオクニヌシの異称」や「オオクニヌシの幸魂奇魂《さきみたまくしみたま》」などとも記されているが、もともと別の神であるため、いずれも宗教的権威を継承する神であることを示す意図だろう。

そもそも出雲の長であるオオクニヌシが、オロチの長と同一では対立関係になりようがない。オオモノヌシは、オオクニヌシでもオオナムヂでもなく、まったく別の神だ。


オオモノヌシには伝説が多い。

神武天皇の皇后は媛踏鞴五十鈴媛《ひめたたらいすずひめ》（伊須気余理比売《いすけよりひめ》）であるが、オオモノヌシの女《むすめ》である（コトシロヌシの女《むすめ》とも）。

伝説では、オオモノヌシは丹塗りの矢に姿を変えて流れを下り、用足し中の勢夜陀多良比売《せやだたらひめ》の女陰《ほと》を突いて懐妊させる。そして生まれたのが神武妃となる。

また、いわゆる「箸墓《はしはか》伝説」では、倭迹迹日百襲姫《やまとととひももそひめ》は夫のオオモノヌシが夜しか姿を見せないので訝ると、小さな蛇の姿を現す。これに驚いて叫んだために、オオモノヌシは恥じて三諸山（三輪山）へ登ってしまう。倭迹迹日百襲姫は悔やんで箸で女陰を突いて死んでしまう。このため埋葬された墓を箸墓と呼んだ。

いずれも「女陰を突く」という共通項があるのは、女系による血族をシンボライズしたものであるだろう。娘を神武の皇后にする、つまり神武を娘婿としてヤマトに迎えて、ヤマト王権を継承させることへの布石とも見える。

記・紀の崇神《すじん》天皇の条には、災厄が多いので占ったところ、オオモノヌシの祟りであって、その子孫である大田田根子《おおたたねこ》に祀らせよとの神託があり、祀らせて鎮まった、とある。これが現在に続く大神神社である。

この祟り神の依り代こそが天叢雲剣である。

大神神社・オオモノヌシは祟りなす強力な神であったが、天皇によって手篤く祀られたことにより国家の守護神となった。そしてその依り代は、三種の神器の一つとして、皇位継承の証しともなったのだ。

しかし、なぜ天叢雲剣がオオモノヌシの依り代なのか。

このことには重大な意味がある。

すなわち、ヤマタノオロチはオオモノヌシであったということになるのだ。

あるいは、ヤマタノオロチに体現される賊衆の長がオオモノヌシであったとも解釈できる。

もし、オオクニヌシやオオナムヂがオオモノヌシと同体であるという通説に従うならば、彼らもまたヤマタノオロチということになってしまうが、むろんそれはない。だから、この同体説には説得力がない。

三種の神器の一つである天叢雲剣は、斎宮・倭姫命からヤマトタケルに授けられた。これは、まぎれもない皇位継承の儀式である。

無事に帰還すれば、次期天皇としての玉座が待っているはずであったのだ。

これが第二の事柄についての解であり、「倭武天皇伝承」の裏付けである。

なお、三種の神器についての考察の詳細については拙著『ツクヨミ』を参照されたい。

ヤマタノオロチを退治した十握剣はいずこへ

それでは、スサノヲの佩刀・十握剣はどこに祀られているのだろうか。

石上神宮の布都斯魂大神がそうであるという説はすでに紹介したが、もう一つ紹介しておこう。

茨城県鹿嶋市に鎮座する古社・鹿島神宮は中臣鎌足《なかとみのかまたり》を始祖とする藤原氏の氏神である。須佐之男命がヤマタノオロチ退治に使ったとされる「十握剣《とつかのつるぎ》」が展示されていて誰でも拝観できる。

展示ケースに収まっているそれは、なんと二七一センチメートルもの長さの直刀で、茨城県で唯一の国宝に指定されている。読者の方々にもぜひ一目見ることをお奨めしたい。実に瞠目に値する刀剣である。

草薙剣は熱田神宮の本殿に厳重に納められていて、もちろん一般に見ることはできない。熱田に奉職する神職でさえも、宮司以外は許されない（宮中のものは代用で「分身」と呼ばれる)。

その剣を得る際にヤマタノオロチの尾を切り裂いた、つまりヤマタノオロチを退治したスサノヲの愛用の剣こそは十握剣である。

つまり十握剣は「勝者の剣」であり、天叢雲剣は「敗者の剣」である。この由来から、祟りなす謂われは始まっている。

剣は、スサノヲからアマテラスに献上され、アマテラスからニニギに授けられて、天孫降臨に携えられた。

以後は宮中において代々祀られるが、第十代・崇神天皇の時に、八咫鏡とともに外に祀ることとなったのは、すでに紹介した通りである。

大物主神とは何者か?

オオモノヌシは、これほどに巨大な神でありながら、実は三輪系統の神社でしか祀られていない。

言い換えれば、もとから大物主神を祀る神社は三輪以外にはないのだ。

この事実は、オオモノヌシという神名が、ここに祀るためだけに作られたことを意味する。古くから親しまれている神は、時が経てば経つほどに信仰は周囲へと広がって行き、古ければ古いほど伝播範囲は広くなる。そしてそれを止めることは誰にもできない。

大神神社は、この国で最も古い神社の一つである。にもかかわらず、このように〝限定〟されているのは、別の名で広く信仰され崇敬される神であって、しかしその偉大さをヤマトの中心で高らかに謳い上げるわけにはいかなかったのだ。

大物主とは、文字通り「大」いなる「物」の「主」である。

神名は本来、読み仮名で認識し、充当されている漢字にとらわれないことが肝心であるが、オオモノヌシについては当初からこの文字表記がされていて、これ以外の表記はない。つまり、この神名が誕生した時には「大物主」という表記に意図、あるいは意味が体現されていたと思われる。

「物」とは、物部《もののふ》のことである。武力・軍事に長けた者、という意味である。これが氏族名になるのは後のことだ。

それでは「偉大なる物部の主」とは、誰のことか。

それは、物部氏の氏祖であるウマシマジの伯父であり、後見人でもある長髄彦である。別名のオオナムヂやオオクニヌシを祭神とする神社は全国に数多い。出雲系のほとんどがそうであるから、その数は一万社余に上る。

しかし「別名」を容認するなら、の話である。

長髄彦の本来の名は、登美能那賀須泥毘古《トミノナガスネヒコ》、登美毘古《トミビコ》である。

ニギハヤヒが降臨した鳥見白庭山《とみのしらにわやま》（現・生駒）を本拠としていたことによる名であろ

う。

なお、「こんぴらさん」の通称で知られる金刀比羅宮は、大物主を祀っているが、これは明治の神仏分離の際に定めたものだ。元は真言宗の象頭山松尾寺金光院という寺院であったが、これを機に神社へと改宗した。その際に、古い伝承に基づいて祭神を大物主とした。

オオモノヌシが象頭山に営んだ行宮《あんぐう》の跡を祭ったのが琴平神社であるが、中世以降に本地垂迹説により仏教の金毘羅《クンビーラ》と習合して金毘羅大権現と称した。ヒンドゥー教のガンジス川の神クンビーラだ。クンビーラ（マカラ）は元来、ガンジス川に棲む鰐を神格化した水神で、日本では蛇型とされる。オオモノヌシの正体が蛇であったという伝説は、ここへつながる。

祟りなす長髄彦

三輪山の神こそは長髄彦である。

崇神王朝に祟りを為した「神宝」こそは、長髄彦の御霊代である天叢雲剣である。そして、祟り神として鎮魂されている。正体を蛇としているのはその証しだ。

蛇体すなわちオロチと呼ばわるのは貶める意図があってのものであって、その意図とは「祟り神」である。

三輪信仰の本質も、祟り神であって、だからこそ手篤く祀れば強力な守護神となるというのは、御霊信仰の原理である。

しかしだからこそ、手篤く祀ることによって、より強力な守護を得たのだ。

かつてこの地に存在した三輪王朝こそは、長髄彦王朝であろう。


すでに見たように、物部神社はニギハヤヒを祀らない。それは無関係だからである。本来は長髄彦から祀るべきであるが、ヤマト朝廷を憚って、あえてウマシマジから始まるかのように装ったのだ。

三輪山の神の名をオオモノヌシとするのは、尊称であろう。名前ではなく長髄彦の尊称だ。「偉大なる物部の主」という一種の代名詞である。それゆえに、本来は三輪山でしか用いられない呼び名であった。

そして、ウマシマジは神武に統治権を禅譲した。

長髄彦軍による勝ち戦を、わざわざ放棄して、大将軍の長髄彦を殺してまで勝ちを譲っている。

しかし、そんな馬鹿げた選択はあるはずもない。記・紀においての「不自然な記述」は、何らかの隠蔽工作があったことの痕跡なのである。


かつて、オオナムヂにおこなったように、長髄彦にも対処したのだ。

オオナムヂを鎮魂するために杵築大社（出雲大社）を建立したように、長髄彦を鎮魂するために伊勢神宮を建立した。

ただ、伊勢の五十鈴川河畔に鎮座するまで聖地探しの旅があった。三輪山の檜原神社から発して、瀧原宮で仮宮を過ごし、さらに東の聖地を見出すまでに多くの年月を要している。

さらにそこから、依り代の剣はヤマトタケルに託されて、さらに東へ移動し、熱田に鎮座することになるわけだが、その目的はアズマエビスの封であることは当然である。

「神殺し」の本当の意味

神武軍がヤマトに入る際に、各地で激戦があり、族長を殺害している。

この時代、族長の多くは同時に宗教的権威でもあって、すなわちその一族の〝神〟である。

ナグサトベ、ニシキトベ、エウカシ、ヤソタケル、ナガスネヒコといった名が『日本書紀』には見られる。ヤソタケルは「有尾人」であると記される。

これらの神々を殺すことで、神武軍は征服を成し遂げて行く。「神殺し」こそは、征服の証しなのだ。

しかし「神殺し」の真相は、必ずしも物理的な殺害ではない。

『日本書紀』を子細に見ると、殺されたはずの族長とおぼしき人物が、名を一部変えて、さらに地位を得て臣従していることに気付くだろう。微妙にタイムラグを設定しながらも記録を残しているのは、その子孫が現存するからだ。たとえ史書の上でとは言いながらも彼らの先祖を勝手に殺すわけにはいかない。彼らは、もとは敵対していたのに、その後帰順した大事な〝臣民〟だからだ。

それに実際に殺害されたのは、ごく一部だろう。政治的には殺害する必要はなく、新たな神に代えれば、帰順したこととなるのだ。

新たな神とは、アマテラスである。

名草戸畔などの挿話もその一つであろう。

ナグサトベは殺されたことにし、その神威を吸収した新たな神を生む。この手法は、古代にしばしば使われたもので、私たちが今認識している信仰・祭祀の姿はその過程を経た後のものである。

能曲『三輪』が伝える古代の共通認識

能に不思議な演目がある。『三輪』という作者不詳の一番だ。

主役はなんと三輪明神。

能曲には霊験ものや龍神もの、巫女ものなど信仰関連のテーマが少なくないのだが、その目的ははっきりしている。ストーリーにも矛盾や齟齬、不条理はないといって良い。

しかし『三輪』は、まったく不条理だ。それらの区分けのいずれにも属さない。明神と僧侶のやりとりであるのだから、信仰ネタであることは紛れもない。にもかかわらず四番目の「雑能」に入っている。これは、ひとえに不条理であるがゆえだろう。

この曲では、三輪神が、なぜか女性の姿となって僧侶の前に現れて、男神との失恋のために岩戸隠れしたという。そして僧侶に供養を願うという筋立てだ。

能の関係者は無理矢理の解釈をおこなって目を瞑っているが、こんな奇妙な設定はありえない。おそらくは時を経るに従って、伝承の一部に誤りが生じて、それが更に重なってこんな不条理な話になってしまったのではないか。

すでに意味がわからなくなっているのは、もともと二つの伝承を接続したゆえではないだろうか。

三輪神は男神であるし、岩戸隠れは失恋とは無関係だ。

にもかかわらず、これらを一つの話としてやりくりするために、三輪神を〝性転換〟させる必要があったということだろう。岩戸隠れしたのはアマテラスであることは周知であるから、三輪神をそれだというならば女性にしなければならなかった。

しかしそれでは、いったい何のためにアマテラスと三輪神を同体にしなければならなかったのか。それは能曲「三輪」の最後に述べられる。

三輪（みわ）

【分類】四番目物　（雑能）

【作者】不詳
【主人公】前シテ　里女、後シテ　三輪明神

「思えば伊勢と三輪の神。思えば伊勢と三輪の神。一体分身のおん事。今さらなにと岩倉や。その関の戸の夜も明け。かくありがたき夢の告げ。覚むるや名残、なるらん、覚むるや名残、なるらん。」


この結句こそがこの曲の成立の源であろう。

「伊勢と三輪の神。一体分身のおん事」

能曲『三輪』は作者不詳ということからも古い成立であることは想像に難くないが、なによりも重要なのはこの不条理な曲が作られた時には、ベースとなる伝承がすでにあって、それを曲として仕立てるために「三輪神の女神化」という整合が図られたのではないかということだ。

そもそも崇神朝に八咫鏡と天叢雲剣が宮外へ出され、流浪の末に伊勢に辿り着いたことを知れば、三輪の神と伊勢の神が同じであるのは当然であろう。にもかかわらず、三輪はオオモノヌシで、伊勢内宮はアマテラスというのは、まったく整合していない。

日本の神は、恐ろしくて、優しくて――矛盾しているかのようだが、これでいい。こ

れが日本の神信仰の本質だ。そして、オオモノヌシもそういう神になった。祟りなす神として時の天皇・崇神から恐れられつつも、皇女によって懇篤に祀られて、ついには国家鎮護の神となる。大神神社と伊勢神宮は、そういう神社として成立した。

スサノヲの子・五十猛の正体

ところでニギハヤヒという名も、ために作られた名であると、すでに述べた。

では、その正体は何者か。

鉄器をもたらし、ヤマトの最初の覇者となった人物——それは、五十猛に他ならない。スサノヲの子で、ともに従って曾尸茂梨《そしもり》に降臨し、樹木の種子を彼の地に蒔かずに、ヤマトに蒔いた、その人である。

五十猛（イソタケル、イタケル）を祀る伊太祁曾《いたきそ》神社は、現在は内陸部に鎮座している。しかし元は、海辺近くにあった。その地には現在、日前宮が鎮座している。

▼伊太祁曾《いたきそ》神社（通称　山東《さんどう》の宮）和歌山県和歌山市伊太祈曾558（旧紀伊国　名草郡）
【祭神】五十猛命
▼日前《ひのくま》神宮・國懸《くにかかす》神宮（通称　日前宮《にちぜんぐう》　名草宮《なぐさのみや》）和歌山県和歌山市秋月365
【祭神】日前大神（日前神宮）國懸大神（國懸神宮）

なお、日前・國懸神宮は、神社本庁に所属しない単立の神社である。

イソタケル一族は、日前宮に追われたのだ。すなわち日前大神、國懸大神に追われたのだ。

さてそれでは、五十猛神とは何者か。その正体がわかれば、当然ながら古代の様相が判明する。

五十猛命は、スサノヲの子である。通常「イソタケル」と訓まれるが、「イタケル」とも訓まれる。いずれが正しいのか、これについては後述するが、まずはどのような経歴の神であるか確認しておこう。なお当面、五十猛と漢字表記する。神名は表記に異同があるのでカタカナ表記を基本方針としているのだが、訓音が確定するまでは仮りに記す。

五十猛は『日本書紀』『先代旧事本紀』には登場するが、『古事記』には登場しない。そこで、『古事記』の大屋毘古神と同一神とする説がある。『古事記』では、オオナムヂが危難に瀕した際に、大屋毘古神のもとに逃げ込んだ、その神は木国の神であるから「木」つながりで五十猛と同一神とするものだ。また、五十猛の妹の名を大屋津比売ということから、大屋毘古を兄であろうとしている。

ただ、同説に従うならば、大屋津比古でなければならないだろう。少なくとも「大屋」と「大屋津」は同じではない。

五十猛が木の神である由来は『日本書紀』に詳しい。

追放されたスサノヲは、その子・五十猛とともに新羅国の曾尸茂梨《そしもり》に天降ったが、スサノヲは、

「吾は、この地に居ることを欲さず」

と言って埴土で作った舟に乗って東へ渡り、出雲国の簸川の上流にある鳥上之峯に降臨した。この地でスサノヲはヤマタノオロチを退治して、草薙剣を得る。

ともに渡り来た五十猛は、多くの樹木の種子を持っていたが、韓地には植えずにすべてを持ち来りて、筑紫から始めて大八洲国のほとんどに植えたので、青山なす国になった。つまり、新羅は一時的に立ち寄ったのみで、しかもその地を嫌悪して去ったと記す。

日本のどこか（たとえば九州）から新羅へ遠征して、出雲へUターンしたのか。あるいは、別の国（たとえば呉越）から新羅を経由して、出雲へやってきたのか。

いずれかであろうが、降臨神が新羅を嫌ったという事実のみがはっきりと記されている。日本神話の中でも他には見当たらない、きわめて珍しい意思表示である。神話成立の過程で、嫌悪せざるをえない、よほどの理由があったと考えるべきだろう。それが何かは私にはまだわからないが。

なお『先代旧事本紀』では五十猛がもたらした樹種は八十種としている。

そしてその後、五十猛は紀伊国に鎮座したと両書ともに記している。

五十猛は根源の神か

五十猛は、この国に樹木の種子をもたらした。つまり日本の豊かな森林はこの神に由来するとされているわけで、これは格別の神格ということになる。

「神様を数える単位は『柱』ですね。日本では『柱』はもっぱら木でできていましたね。木と神様とは深い関係があります。仏になった人を埋める。その上に苗木を植える。これがオジイチャンの木だ、そう言う事もあったのかも知れません。魂魄のパクの木ですね。ここに天上のコン（魂）が降りてくる。魂魄が合わさって蘇りとなりますね。

そういう事もあって、神様が降臨するには、木をつたって降りてこられるとか、木に寄り付くとか言います。その木の種を播いた神様ですから、日本の神々の中でも、最も古い神と言えるのでしょう。」（「伊太祁曾さんの風土記」／『紀の国の神々と古代』瀬藤禎祥＠神奈備）

瀬藤氏の指摘こそは日本文化の本質に関わるものだ。——神道の最も古い形は神籬《ひもろぎ》である。すなわち「特別な樹木」を神の依り代とする。その神籬をもたらした者こそは、五十猛である。

五十猛がこの国に初めてもたらしたという八十種の樹木とはどういったものだろう。

照葉樹はすでにこの国土にあったので、針葉樹、および穀物の種子などをもたらしたということになるだろうか。日本人・日本文化にとって最も馴染み深い樹種といえば杉《すぎ》と檜《ひのき》、松あたりだろう。これらはいずれも針葉樹である。本来、亜寒帯に森林を形成する樹種であって、温帯域の日本列島のものではない。

しかし古くから人工的に植林がおこなわれて、吉野杉や屋久杉、木曾檜など各地に定着した。その結果、現在では杉は日本の固有種とされ、檜は日本と台湾の固有種とされている。

しかし松も含めて、本来的にこれらは亜寒帯の樹種であるから、古代に於いて誰かが持ち込まなければ、日本の国土にこれらの木々が繁茂することは考えにくい。

植林された針葉樹が材木として重用されるようになるのは、その後の日本の建築史とも直結している。たとえば世界最古の木造建築である法隆寺は檜材で造られている。各地の古社古寺、あるいは伝統的な日本家屋のほとんどは主要な素材として檜と杉を用いているのは今更指摘するまでもないだろう。

そういう意味では、五十猛こそは、日本の原風景をもたらした根源の神と言えるかもしれない。

五十猛を祀る神社

五十猛を祭神としている神社は約三三〇社。県別に鎮座数のみ列挙すると別表（一七九頁）のようになる。

二桁を数えるのは山形県、群馬県、神奈川県、岐阜県、兵庫県、和歌山県、島根県、岡山県、福岡県、長崎県である。東北から九州まで、つまり全国に遍在しているということになる。

氏神の場合には、その一族の本貫地に本宮があって、以後当該氏族の広がりとともに各地の所領に勧請されて行く。したがって、地域的に明確な偏りが発生する。

これに対して信仰神の場合には、信仰の浸透にともなって比較的均一に勧請されて行く。しかも本宮の周辺より始まって、近くから遠くへという時間経過を辿る。

たとえば武蔵国一宮の氷川神社は、全国に五〇〇余社鎮座するが、そのほとんどは関東圏にある。歴史的古さにおいて、五十猛を祀る神社に引けを取るものではないにもかかわらず地域的な偏りがあるのは、信仰上の理由があったと考えるべきだろう。

五十猛神の信仰圏が、ほぼ全国的な均一さを見せているのは、信仰発生の古さや、信仰の普遍性などを示すものであるだろう。

それでは、その信仰はどこで発生して広まったのであろうか。

五十猛の名そのものを社名として名乗るのは島根の五十猛神社が知られるが、同社の創建鎮座は、延長三（九二五）年であって、さほど古いものではない。島根は他国と較べても古い鎮座、立派な社殿が特別に多い地方なのだが、そういった環境において明らかに見劣りする。

また、辺りは年若い雑木林があるばかりであって、鎮守の森と呼べるような気配はなく、また樹齢の際立つような御神木もない。おそらくここで祀られる五十猛は「木の神」ではないのではないか。

古社の場合に共通して認められる様相に、鎮座地そのものが古墳であることや、神奈備の麓に鎮座していること、あるいは境内に磐座や磐境、神籬の遺跡が存在する等々があるものだが、当社においてはいずれも認められていない。

鎮座地の大田市は海辺の町であるところから、五十猛が父・スサノヲとともに上陸した場所であるという伝説や、海人族の当初の拠点であったという論説などもあるが、残

NO.	県名	鎮座数	広域鎮座数
1	北海道	3	
2	青森県	0	
3	岩手県	1	
4	宮城県	9	
5	秋田県	5	
6	山形県	13	
7	福島県	4	35
8	茨城県	2	
9	栃木県	6	
10	群馬県	18	
11	埼玉県	4	
12	千葉県	1	
13	東京都	8	
14	神奈川県	28	
15	新潟県	3	70
16	富山県	6	
17	石川県	3	
18	福井県	1	
19	山梨県	1	
20	長野県	7	
21	岐阜県	20	
22	静岡県	8	
23	愛知県	2	48
24	三重県	4	
25	滋賀県	3	
26	京都府	8	
27	大阪府	2	
28	兵庫県	11	
29	奈良県	4	
30	和歌山県	12	44
31	鳥取県	6	
32	島根県	30	
33	岡山県	10	
34	広島県	8	
35	山口県	2	56
36	徳島県	4	
37	香川県	6	
38	愛媛県	3	
39	高知県	7	20
40	福岡県	25	
41	佐賀県	5	
42	長崎県	13	
43	熊本県	3	
44	大分県	5	
45	宮崎県	3	
46	鹿児島県	2	
47	沖縄県	0	56
		329	

「五十猛」鎮座数全国都道府県別一覧

念ながら港としての歴史はさほど古くない。先に述べたように信仰が全国に広がる中で勧請鎮座したものの一つであるだろう。

▼五十猛《いそたけ》神社（通称　うじがみさん）島根県大田市五十猛町2348

【祭神】五十猛命　應神天皇（配祀）抓津姫神　大屋姫神

全国に約三三〇社鎮座するものの、社名に五十猛を冠しているのは、当社を含めてもわずかに六社であり、他の五十猛神社も勧請である。ということは、本来は「五十猛」という漢字表記ではなく、この文字は後から当てられたものと考えられる。より古い神名表記は別のものであるだろうということだ。

ならば、そのヒントは他の神社名にあるのではないか。

そしてそれ以外にはどのような社名があるかというと、これが実に多様であって、むしろ祭神が五十猛であることを示唆する社名は少ないのである。

たとえば佐渡国一宮の度津《わたつ》神社は、式内社でもあって由来は古い。ただ、社名が示唆するように海神のワタツミを祀る素朴な自然信仰であったものが、信仰の共通性から後世に五十猛と比定されたものであるだろう。

▼度津《わたつ》神社（通称　一の宮）新潟県佐渡市飯岡550―4

【祭神】五十猛命（配祀）大屋都姫命　抓津姫命

播磨国総社として古くから信仰を集める射楯兵主《いたてひょうず》神社は、射楯神と兵主神を祀るが、射楯を五十猛とし、兵主を大国主としている。

▼射楯兵主神社（通称　総社さん）兵庫県姫路市総社本町190
【祭神】射楯大神　兵主大神

しかしその根拠は薄弱で、五十猛をイタケルと訓んだ場合のイタケをイタテと同一と見て比定しているにすぎない。信仰上の近似性もあったのだろうが、権威付けのために正史『日本書紀』の神に比定する例は珍しくないのだ。しかし鎮座は古く、おそらくはまったく別の土俗神であろう。

紀伊国一宮の伊太祁曾《いたきそ》神社は、その中でも最も古い由緒を持つ。鎮座の由来や歴史的経緯などを考えると、ここが五十猛信仰の本宮であろうと考えられる。

正史の記録に初めて見えるのは『続日本紀』の文武天皇大宝二（七〇二）年であるが、すでにはるかに古くより鎮座していたのは間違いない。

現在和歌山市内に日前神宮・國懸神宮が鎮座し、こちらも紀伊国一宮である。同一の境内に二社があるという珍しい形態で、総称して日前宮《にちぜんぐう》、あるいは名草宮《なぐさのみや》という。鎮座したのは神武天皇二年と伝えられるが、いずれにしてもきわめて古い由来である。

伊太祁曾神社の社伝によれば、元はこの地に伊太祁曾神社があったのだが、「国譲り」をおこなったため、伊太祁曾神社は日前宮にこの地を譲って現在地に遷座したという。伊太祁曾神社の社伝によれば、その遷座は第十一代・垂仁天皇十六年のことという。現鎮座地にほど近い旧・山東庄《さんどう》の「亥《い》の杜《もり》」がそれであって、さらに現在地に遷座するのは大宝二年のことである。

ちなみに、旧社地「亥の杜」は、元は「伊の杜」であろう。

なお、地元では、伊太祁曾神社、日前宮、そして竈山神社を巡拝することを「三社参り」と称して、いずれを欠いてもならないとしている。いつ頃からの慣習かは不明だが、かなり古くからのものであるようだ。

このうち竈山神社は、神武の兄・五瀬の墓陵であるところから尊重したものだろう。東征の最中に戦死し、当地に埋葬されたことで、戦勝の象徴となったためだろう。

しかし三社参りの本来の意味は、竈山神社を除く「二社参り」にこそあるのは言うまでもない。二社のいずれをも欠くわけにはいかないという意向であろう。

▼竈山《かまやま》神社　和歌山県和歌山市和田438

【祭神】彦五瀬命

「イタキソ」という独特の社名の成り立ちにはいくつかの説がある。

「イタキソのキソはケソの音転ともいわれるが、キソ、ケソを朝鮮系の女神の名〈ヒメコソ〉の〈コソ〉に通じる敬称」とする近年の研究があると『日本の神々　神社と聖地』（谷川健一編）で松前健氏が紹介しているが、付会にすぎない。

コソをキソに通じるというなら、カソもクソも通じることになり、国語の初学レベルにおいてさえ成立しないとわかる付会である。

また、女神の名をもって解釈しようとすることにも、他に類例がないからであるだろう。これもまた自虐史観の一種であろうが、朝鮮系に恣意的に関連付けるのは、真相や事実をかえって見えなくさせる阻害要因にしかならない。

これよりはるかに古く、次の説がすでにある。

「イタケ（五十猛）の神とイサヲ（有功）の神」が転訛したもの、とするのは『紀伊続風土記』（文化三／一八〇六年成立）である。

すなわち、

「イタケイサヲ↓イタキサヲ↓イタキソ」

である。当説を棄ててまで新説を唱える必要はないだろう。

伊太祁曾神社の神紋「太」の意味

ところで伊太祁曾神社の神紋は、○の中に「太」の文字である。

これについて、神社紹介専門サイト『玄松子の記憶…日本の歴史・風土・民俗の結晶、神社』を運営する玄松子氏は、こう述べている。

「神紋は、伊太祁曾の〈太〉だそうだ。どうして、〈伊〉じゃないんだろう。伊太と祁曾の複合語で、伊は接頭詞だとすると、〈太〉が根本となるのかな。あるいは、伊勢に遠慮か。」

伊勢では「太」の一文字には特別の意味がある。

別宮の伊雑宮《いざわのみや》をはじめとする周囲の行催事において「太一」の表示は数多く見られる。

御田植式では十数メートルもの巨大なサシハが掲げられるが、そこに大書されているのも「太一」だ。

その他、神饌のアワビを採る海女の頭巾にも額に「太一」と書かれ、遷宮の用材を斬りだして運ぶ際にも、その用材の先頭に「太一」の文字が書かれる。

これはすなわち「お守り」であろう。

「大一」「太」と書かれているものもあるが、元は太一である。

機会があって、それらの行催事に参加している何人かに尋ねてみたことがあるが、「太一」のもともとの意味は誰も知らないようで、「まじない文字」「めでたい文字」「お守り」といった答えであった。

しかし、これを「神の名」と思っている人はいなくて、アマテラスの別名と思っている人もいない。

そもそも最も尊い神の御名をみだりに標榜するというのは信仰の心情にそぐわないだろう。畏敬する心があるならば、むしろ秘してしかるべきであって、いたるところに大書しているのは別の意味があると考えるのが自然である。

伊太祁曾神社大鳥居（上）と本殿（下）

『史記』の『天官書』にあるように、北極星の神格化されたものが北辰であり、太一である。おそらくは、古道教の究極の神・太一が、日の本の最高神・皇大神宮の祭りをことほぐという意味ではないかと私は考えている。

これよりはるか後世になって、神道と仏教の習合がおこなわれるが、古代において最初におこなわれたのは、道教と神道の習合であった。

太一とは、太白・太極とも同じで、「陰陽全体」を指す。内宮は「陽」であり、外宮は「陰」。

伊太祁曾神社の神紋が「㊏」であるのは、伊勢で尊重されているのと同義であろう。伊勢は、伊太祁曾神社より後世の鎮座であるから、伊太祁曾の謂われが古く、伊勢はその思想を継承したとも考えられる。むろん「伊」は接頭語ではない。伊勢の「伊」そのものも、伊太祁曾がすでにあって、伊勢という地名は生まれている。

ちなみに、祭神としての表記は「五十猛」を筆頭に次のものがある。

伊曾猛
伊多手
伊太祁曾
五十建
五十武
射楯
勇猛

一部に「韓國五十猛」との表記を用いているところもあるが、由来を誤って解釈したことによる誤用であるのは言うまでもない。「新羅の曾尸茂梨に立ち寄った」との叙述に呪縛された者は、どうしても朝鮮由来としたがるのだ。

しかしすでに述べたように、高天原（それを何処とするかは別として）から出雲へ至る経路の途中に立ち寄ったのであって、父神・スサノヲはそこに居ることを欲さずと言い、従う子神・イタケルは樹木の種子をその地には一切蒔かず、立ち去っているのだ。朝鮮出自であろうはずがないだろう。この祭神名は正すべきであって、誤りを正すに憚ってはならない。

また、大屋比古（毘古・彦）を同一神とする説もあるが、こちらは「木」つながりの付会であろう。大屋津比売が妹だからというならば、大屋津比古でなければならないとはすでに述べた。

なお、鬱陵島（うつりょうとう、ウルルンド）は、旧日本名を磯竹島（五十猛島）と呼んでいたが、これは降臨地である曾尸茂梨に比定したことによっている。曾尸茂梨の候補地は他にもいくつかあって、鬱陵島にもその可能性がまったくないわけではないが、いまのところ確証はない。

紀伊の「伊」の謎

さて、五十猛に由来する紀伊国は、「紀の国」だとされている。

材木を産する「木の国」が元になって、国造家・紀氏の名にも音が合うところからそのまま当て嵌めて「紀の国」となったという。

また関西では「木」を「きィ」と発音するところから「きィの国」、後に誰かが「イ」に「伊」の字を当て嵌めて、ついに「紀伊国」が完成したというのが通説になっている。

いかにも説明し難いがゆえに、やっとこじつけた感が伝わってくるが、この説の最大の欠点は「伊」という字を用いている理由について、納得の行く説明がまったくないことだ。

ただの音便の「イ」だから、当てる字など何でもいいというかのようだ。こんな説明で多くの人たちが長年納得しているのは、私には不思議でならない。

「伊」については「名詞ノ下ニツケテ、其主語タルヲ示ス辞。」（『大言海』）という用法がある。「木《き》乃《の》関守伊《せきもりい》　将留鴨《とどめせむかも》」と『万葉集』にあるのがその一例という。

この用法に従えば、紀伊とは紀が主語となるよう伊が補助されているということになる。すなわち、紀伊国とは「紀は国である」ということか。しかしそんな国名の成り立ちがあるだろうか。

いずれにしても、もしそうならば他にも用例がなければならない。用例というのは量的保証があって初めて成立するのであって、ただ一例のみをもって用例とはならない。しかし、紀伊国以外、他に用例はまったくない。国名において「○＋伊」によって成り立つものが唯一紀伊のみであるのは、用例ではないことを逆に証明しているだろう。つまり、この場合の伊は、「名詞ノ下ニツケテ、其主語タルヲ示ス辞」ではないということである。

逆に、伊賀や伊勢、伊予のように「伊＋○」であれば、少なからず存在する。

しかしこの用法が存在することは、むしろ紀伊の伊が助詞や助動詞ではないことのさらなる証しである。これらは「伊」が主語であることを示している。

それでは、この「伊」とは何か。

『字源』は次のように記す。

「伊は、手で神杖を持った様を表わす象形文字。神の意志を伝える聖職者。治める人の意を表す。調和をさせる様、殷初期の伝説の宰相伊尹《いいん》に因み嘉字とされ、人名、地名に用いられる。」

『字統』では白川静は次のように記している。

「伊は神杖をもつ形で、神意を媒介する聖職の人をいう。その伊に祝禱の器である𠙵《さい》を加えたものが君《くん》で、君とはもと女巫《じょふ》にして女君たるものをいう。伊は君に対して、たとえば伊尹《いいん》のように、これを助ける聖職者をいう語であった。（中略）伊尹は、殷《いん》の湯王《とうおう》をたすけてその王業をなさしめた賢臣とされているが、もともと伊水の神で、その神を祀る聖職者の名とされたものであろう。」

つまり、伊とは人を指し、その人は、女帝（祭祀女王）に仕える神職である。また、そういう家柄の氏姓である。明快な解答だ。

「嘉字」であるから紀伊の国名は「イ」に当て嵌めて用いたとの説もあるが、イ音の嘉字は他にも少なくない。他の字であってもいっこうにかまわないだろう。だからあえてこの字である理由は嘉字の所以である「宰相伊尹《いいん》」のほうにこそあると思うのが、むしろ妥当というものだろう。それほどに、紀伊国の伊は唐突な起用採用である。

初めの命題に戻るが、紀伊国は紀の国だとされている。しかし、それは誤りである。その謂いでは、伊の字を用いる必然性が見当たらないからだ。

紀伊国は、文字通り「紀」と「伊」の国、であると考えるべきだろう。そうであれば「伊」の字の必然に合点が行く。

そして、紀も伊もともに氏姓であるとすれば、国の成り立ちまでも示唆する基本命題として、なお明快であろう。

紀氏は、言うまでもなく、古代豪族の紀伊国造家であり、代々紀伊国の国造職を務めるとともに、日前《ひのくま》神宮・國懸《くにかかす》神宮の祭祀家である。「キ」と訓み、天皇・皇室の苗字と伝えられる「姫《キ》」姓と深い関わりのあることは拙著『ヒルコ』で述べた通りである。

それでは伊氏とは何者か。

「伝説の宰相伊尹《いいん》」の裔なのか。それも一つの手掛かりではあるだろう。

「伊」が氏姓あるいは国名であろうと考える、その根拠の一つは、イタケル（五十猛）

を祀る伊太祁曾神社が、紀伊国一宮であることだ。

江戸時代以前、日本の諸国において最も社格の高い神社を「一宮《いちのみや》」とした。それぞれの国に、原則一社である。

たとえば、大和国は大神神社、以下、武蔵国は氷川神社、常陸国は鹿島神宮、信濃国は諏訪大社、加賀国は白山比咩神社、丹後国は籠神社、出雲国は出雲大社、淡路国は伊弉諾神宮、豊前国は宇佐神宮、大隅国は鹿児島神宮、等々。

国内に二社ある場合、いずれを一宮とするか異説もあるが、いずれかであろうとの説である。

ところが紀伊国には、一宮が三つある。それが日前《にちぜん》宮（日前・國懸の総称）、伊太祁曾神社、丹生都比売《にうつひめ》神社である。

丹生都比売神社については、ここでは擱《お》いておく。高野山の神であって、古い由緒をもつものだが、紀伊国の成り立ちに直接の関わりはない。重要なのは、それ以外の二社、日前宮と伊太祁曾神社である。

日前宮は紀氏の氏神である。

それでは伊太祁曾神社は、なんという氏族の氏神なのか。

イタケル（五十猛）を祀り、伊太祁曾神社と称する。

この事実は、ある仮説を示唆している。

イタケルの「イ」は、本来は「伊」と記すのではないかということだ。

つまり、イタケルとは「伊」氏のタケルではないか。

ヤマトタケルが「倭」のタケルであるように、またイズモタケルが「出雲」のタケルであるように。「伊」とは、国名であり氏族名ではないのか。

倭建《ヤマトタケル》、出雲建《イズモタケル》に倣うならば「伊建《イタケル》」であろう。


しかし「伊氏」という氏族は、日本の歴史に記録されていない。「紀氏」は皇室に並ぶ堂々たる名家であるが、「伊氏」は見当たらない。

日本は世界一の姓氏苗字大国である。漢字表記できるありとあらゆる姓氏苗字が存在すると言っても過言でないほどに多種多様である。その数、実に三〇万氏。韓国はわずかに二五〇氏、中国は三五〇〇氏である。

日中韓の三国は、漢字文化圏であったことから、同一の苗字も少なくない。正確な言い方をするならば、日本の苗字数が圧倒的に多いわけであるから、中韓の多くの苗字が日本の姓氏苗字にもあるということだ。

そして、一文字姓氏は中国発祥である。韓国朝鮮はかつて中国に朝貢していた時代にほとんどの制度を中国式に変更して、その際に一文字姓氏をも採用した。その結果、金《キム》・李《イ》・朴《パク》だらけになった。

日本にも一文字姓氏は輸入され、あるいは一文字氏族そのものが渡来して、そのまま名乗り続ける氏族もあれば、日本での由来を示す文字と組み合わせて複数文字の姓氏に変えて名乗る氏族も派生している。

代表的なものは「秦」氏である。渡来系氏族でも最も古いものの一つであり、本来は「シン」と発音したはずだが、渡来してよりは「ハタ」と訓む。

他にも「王」氏、「呉」氏、「林」氏、「調」氏、「高」氏、「工」氏、「勝」氏、「原」氏などが『新撰姓氏録』（八一五年成立）に見える。

つまり一二〇〇年ほど前にはすでに渡来して定着している姓氏である。

これらのうちのいくつかは、江南の呉越から渡来したはずで、そうであるなら姓氏録よりさらに数百年以上遡る。秦氏などはその一つであろうし、彼らが拠点としていた地域は京都・太秦《うずまさ》の地名にもなっている。

こういった歴史的環境であるから、「伊」姓があって不思議はない。にもかかわらず見当たらない。

ただ、「秦」から「秦野」や「羽田」、「八田」などが派生したように、「伊」が「伊＋〇」に変化して残り、原型の「伊」氏は名乗る者がいなくなって途絶えたと考えることもできるだろう。名乗るに憚りのある何らかの理由があったとすれば、そういった変換はさらに意図的に短期間でおこなわれる。

そこに示されるのは、「伊」氏とは、歴史の闇の奥底に封印された姓氏ではないのだろうかとの視点である。

五十猛の「五十」とは何か

五十猛は「イソタケル」と慣例的に読まれているが、そもそも「五十」は「イソ」とは訓まない。

呉音では「ゴ・ジウ」、漢音では「ゴ・シフ」。

和訓では「イツ・トオ」か「イツ・ト」。

「イ・ソ」はいずれにも含まれない。「五」に「イ」という訓みはないし、「十」に「ソ」という訓みもない。

しかし例外がある。「イ・ソ」という訓みは数値古語として存在するのだ。

月の終わりの「三十日」は「みそか」と訓む。年末の大晦日は「年の最後の三十日」なので「おおみそか」と云う。

このように、十倍を意味する語尾を「そ」と読む例がある。

この語法では「二十」を「ふたそ」、さらに三十《みそ》、四十《よそ》、五十《いそ》、六十《むそ》、七十《ななそ》、八十《やそ》、九十《ここのそ》まである。三十一文字《みそひともじ》、三十路《みそじ》、四十路《よそじ》といった言葉でお馴染みと思う。また、固有名詞では山本五十六《いそろく》や十河《そごう》百貨店が有名だ。

数を数えるヤマト言葉であるが、漢和辞典には掲載されない訓みである。

語源にはいくつかの説がある。「そろう（齊う、揃う）」から来ているのではないかとされる。

十呂盤《そろばん》という表記もそのあたりに由来しているのかもしれない。

「三十《みそ》」の用例は『日本書紀』天武紀にすでに見える。

ただ、「五十《いそ》」の用例は平安中期まで時代が下る。

三十日が最も古く、「ミトーカ」が転訛したものと考えられており、「みそか」訓みが先行して定着してから、他の用例に拡大したものと思われる。つまり、数を算えるための語素として当初から成立していたものではなく、三十日《みそか》を出発点として後付けで産み出されたものである。

このように平安中期の用例にならえば、五十猛は「イソタケル」と訓む。

また「五十」二文字で「イ」と訓む例がある。

『日本国語大辞典』には、「(五十は）上代文献には借訓仮名として用いた例が多数見える」とあって、『万葉集』において五十と書いて「イ」と訓む例を複数紹介している。

また、五十鈴《い》川、五十嵐《い》などの用例を見てもわかるように、「五十」と書いて「イ」とのみ訓む。

このように『万葉集』の例にならえば、五十猛は「イタケル」と訓む。

さてそれでは、五十猛の訓みはいずれが正しいか。

五十猛の名が登場するのは、先述したように『日本書紀』『先代旧事本紀』である

（『古事記』には登場しない）。『日本書紀』が七二〇年に成立した時点で、すでに五十猛の名が記録されているのであるから、これは「イタケル」と訓んだと考えるべきだろう。「イソタケル」という訓みは後世のものである。したがって、島根県大田市の五十猛《いそたけ》町という地名や、五十猛《いそたけ》神社の社名は後発である。「イソ」を「磯」につなげるのも後付けであろう。

本書では、これより「イタケル」と表記する。

イタケルの「イ」とは何か

では、イタケルの「イ」とは何か。

「イ」＋「タケル」という構造を考えれば、おのずから答えは明らかになるだろう。○＋タケルの用例を思い起こしていただきたい。少なくない数の用例が日本の史書の中にある。もう一度確認しておこう。

クマソタケル（熊襲建、熊襲梟帥）、イズモタケル（出雲建、伊頭毛多鶏流）、シキヤソタケル（磯城八十梟帥）、ワカタケル（若建、幼建、獲加多支鹵）、そしてヤマトタケル（倭建、日本尊）。

このうちワカタケルのみは由緒不明であるが、それ以外はすべて国名・氏族名にタケルが付く形である。

「タケル」とは、「武勇に優れた男子」という意味であり、国名が冠せられる時には特に「王子・皇子」を意味する。

ヤマトタケルが「ヤマト国」「ヤマト氏」の王子・皇子であるならば、イタケルは「イ国」「イ氏」の王子・皇子であろう。

そして、イ国とは「紀伊国」を構成する「伊国」であり、イ氏は「伊氏」であろう。紀伊地方において、紀氏と並び称されるほどの古代氏族が伊氏なのである。

しかし、紀伊地域に伊氏は見当たらない。これだけの手掛かりがありながら、伊氏を名乗る人物はまったく見当たらない。伊氏は、どこへ消えたのか。

渡来を始めとする一文字姓は、先述したようにかなり古くから少なくない数が定着している。

ただ、一文字かつ一音の姓氏は限られている。姓氏研究家の森岡浩氏によれば約二十姓という。

その中には紀氏ももちろん含まれるが、実は「伊」氏も存在する。十に満たない世帯数ではあるのだが。

ちなみに井《い》、伊《い》、紀《き》、記《き》、喜《き》、津《つ》、那《な》、野《の》、帆《ほ》、与《よ》——などがあるのだが、このうち伊《い》、記《き》、喜《き》、与《よ》は奄美地方のみに特有の姓である。

対馬守護代の宗《そう》氏、琉球王家の尚《しょう》氏なども一文字姓であることを考えれば、奄美地方に一文字姓が少なからず存在するのは地理的な理由によるだろう。

とくに、奄美地方に「伊」姓があるのは、偶然ではないだろう。古来、海人族の活動範囲は中国江南から朝鮮半島、そして日本列島の沿岸部全般にわたり、自在に往来していた。奄美地方と紀伊半島は、それらの中でもとくに関わりが深い。

また、沖縄にもかつて「伊」姓があったことが確認できる。首里系の奥川氏は、その家譜を遡ると「伊」氏に発するとなっている。

海人族のつながりを思えば、奄美や沖縄の「伊」氏は、古代の海人族・伊氏の名残かもしれない。しかし、肝心の紀伊国に伊氏がいないのは不可解だ。

また、太田亮『姓氏家系大辞典』には、「伊」姓について「百済族にて、天平宝字五年三月紀に〈百済人伊志麻呂、姓を福地造と賜ふ〉と見ゆ。万葉集九に伊保麻呂とあるも此族なるべし。」として、百済渡来氏族であるとしている。伊志麻呂、伊保麻呂の後裔は、下賜された姓によって以後は福地造、福智造等と名乗ったことから、この系統の「伊」姓は自然消滅していることもあって、この百済系伊氏は、ここにいう伊氏とどのようなつながりがあるか判然しない。

とはいうものの、国名にはっきりと残されるほどの氏族が、歴史から完全に消え去ることは不可能だ。

とすれば、紀氏から紀野氏が作られているように、伊氏は「伊＋○」の姓を新たに作っていることは考えられる。とくに、紀伊半島エリアで「伊＋〇」の形を見せる姓氏や地名があれば、その重要な手掛かりになるのではないか。

ちなみに「伊＋〇」の形を採る姓は、全国に少なくない。

なかでも最大の人口を擁するのは伊藤氏。全国ランキングで六位であり、実にその人数は一〇〇万人を超えている。つまり、伊藤姓の人だけで政令指定都市がつくれるのだ。

しかし伊藤という姓氏は、あまり古い発生ではない。伊勢の藤原を意味する新たな姓氏である。つまり、ここで考証している伊氏との直接の関係はない。

また、島津家家臣には伊集院氏、伊作氏があり、古くからの豪族であるが、紀氏に発する一族という。こちらは、つながりがありそうだ。

歴史上最も古い登場は伊《い》吉連博徳《きのむらじはかとこ》である。伊岐、壱伎とも記す。飛鳥時代の貴重な文書『伊吉博徳書』（六九五年以前に成立）は、彼が第四次遣唐使に随行した時の記録であって、『古事記』（七一二年）、『日本書紀』（七二〇年）より古い。周の第十一代・宣王の後裔とされる渡来氏族である。

しかしもっと近くに、やはりある。紀伊半島生え抜きの姓氏であり、右にふれた伊藤氏の由来にもなっている地名・姓氏――「伊勢」である。さらに「伊賀」もある。

姓氏としては伊賀氏は伊賀国に発する、そして伊勢氏は伊勢国に発すると、いずれも地名発生であるが、それではその地名はそれぞれどのような由来かというと、これが実は不明である。伊賀も伊勢も、元々の地名の由来は判然しない。

伊賀は、猿田彦の娘・伊賀津姫《いがつひめ》の所領であったことから名付けられたと『伊賀国風土記逸文』にあるが、吾娥津媛《あがつひめ》が元の名であって、むしろ地名に沿って伊賀の字が充てられたと思われる。

また、地形を栗のイガに見立てたことによるとの説もあるが（『即事考』）、それでは隣同士で伊賀・伊勢となる説明は付けられない。

伊勢は、瀬が多いことから五十瀬《いせ》と呼ばれており、ここに伊勢の字を当てた、とするのは『日本書紀通証』など。

また、イソ（磯）の転、とするのは『日本古語大辞典』である。

意味としてはどちらも通用するだろう。しかし問題は、そこにはない。どちらの説であっても、その後に「伊勢」の字を充てたのは何ゆえなのかということである。

ここでふたたび論点は冒頭に戻る。「伊」「賀」「勢」はいずれも嘉字であったのでこれに置き換えたとするならば、イガ・イセがなぜイガ・イセなのかを論証しなければならない。

そこで、伊賀も伊勢も「伊」に由来すると考えるとどうなるか。

伊賀は、伊氏一族を賀するの意であろうし、伊勢は、文字通り伊氏一族の勢いを表す地名ということになり、少なくとも意味は成り立つ。「賀」と「勢」は誰が見ても嘉字であるが、「伊」を嘉字とするのはすでに述べたようにかなり特殊な由来である。

伊氏は消えたのではなく、派生姓氏として存続したのだ。元々の伊氏が見当たらない理由は、伊太祁曾神社が日前宮によって遷移させられたという歴史的事実が示唆している。伊氏は紀氏に国譲りして、王権から排除された。国名に「伊」こそ残されているものの、実質的には完全に紀氏政権となっている。

物部氏が政権を失って、祭祀氏族としてのみ存続を許されて石上神宮に押し込められたように、伊氏は「伊の杜」に追いやられて、氏神であるイタケルを祀ることのみ許されたものだろう。紀伊という国名にその痕跡を残され、氏神社である伊太祁曾神社が日前宮とともに一宮に列せられているのは、いわば慰撫政策である。

このような経緯からとらえれば、伊太祁曾神社は御霊《ごりょう》信仰であって不思議はないのだが、どうやらそうはならなかった。記録を見る限り、この社にまつわる祟りの記録は見当たらない。むしろ紀伊国に恵みをもたらした「木の神」「根源の神」として継続的に尊崇崇敬されている。イタケル神が、紀伊国においていかに重要な存在か、この一事をもって象徴とすべきだろう。

ちなみに伊賀も伊勢も国となったので、その王子は「伊賀タケル」「伊勢タケル」と名乗るところだが、両国が国となった頃には、すでにその風習は失われていた。国名や氏族名に「タケル」を付す名乗りは、古代のみの風習である。

「伊」の神

イタケルが「伊」で始まる神名であるならば、同様に「伊」で始まる神名についてはまずは関連を疑わなければならないだろう。

「伊」で始まる神名は一〇〇柱余に上る。同一の神の別名もあるが、それでも一〇〇に近い数は「伊」文字への特別な依存がなされていると考えるべきだろう。

神名は神社に伝承される独自のものも少なくないためすべてを確認するのは難しいが、それでもおおよそ三〇〇〇に及ぶ神名が確認されている。

その三〇分の一が「伊」で始まることになる。

尊字貴字は無数にあって、とくに「伊」の字を選ばなければならない理由はない。そう考えれば、この事実は「伊」字の偏重を示している。

伊香《イカ》色雄《シコオ》、伊久《イク》比売《ヒメ》、伊佐須美《イサスミ》神、伊豆《イズ》山《ヤマ》神、伊太代《イタテ》之神、伊都伎《イツキ》嶋《シマ》神、伊氏波《イデハ》神、伊吹戸《イブキド》主《ヌシ》神、等々。

伊和大神も、その中にある。しかしこの神は記紀神話に登場しない神である。

といっても、実は記紀神話に登場しない神のほうが多いのだが。

もともと各神社に伝承される祭神名は、その多くが土俗神であって、記・紀、『旧事紀』が伝える神話には登場しないものがほとんどだ。

山の神や海の神、岩の神などの自然信仰由来の神は、後付けで日本神話のいずれかの神になぞらえられたものが多い。

たとえば月山の神は、本来は山神、御祖神《みおやがみ》であるが、後世に月読命に比定された。

伊和大神は播磨国を作り固めた神であり、天日桙命《アメノヒボコ》と戦ったと『播磨国風土記』のみに記されている。ちなみにアメノヒボコは新羅国王の子であり、出石《いずし》神社（但馬国一宮）の祭神である。なお、「出石」は古くは「伊都志」と記す。これもまた「伊」で始まる。

▼伊和《いわ》神社　兵庫県宍粟郡一宮町須行名407
【祭神】大己貴神（配祀）少彦名神　下照姫神
▼出石神社（通称　一宮《いっきゅう》さん）兵庫県豊岡市出石町宮内99
【祭神】出石八前大神　天日槍命

それでは「伊」字神名の究極は、いずれの神か。

神にもランクはあって、造化三神、あるいは別天神《ことあまつかみ》五神、神世七代は独神として初めからあって別格とされる。

これより後は、イザナギ・イザナミ二神により〝神生み〟されて、以後すべての神は派生して行くことになる。つまりイザナギ・イザナミ二神こそは、神々の父母である。

その神名は、『古事記』では伊邪那岐、伊邪那美と記し、『日本書紀』『先代旧事本紀』では伊弉諾、伊弉冉と記す。

つまり「伊」字神名の第一号であるのだ。

しかもこの二神は派生神ではなく、神生みの源である。

二神の表記は、右に示したように三書によって異同があるが、「伊」のみは変わらない。この字のみが変わらないということは、この字にこそ意味があって、他の字は変えても神のアイデンティティを損なわないということであろう。

重要なのは「伊」なのである。

『古事記』および『日本書紀』『先代旧事本紀』は、その内容は多く共通するが、なぜか神名の表記は大きく異なる。音訓はほぼ似通っているので、元々の神名は変わらないはずであるが、使用する漢字が異なる。

それでも一部のみ共通する例は数多い。

この差異は、むしろ大きな示唆を与えてくれる。表記が異なっていても、なお共通する文字があれば、それこそはその神の本性を表していると考えられるからだ。

つまり、イザナギ・イザナミを始めとする多くの「伊」で始まる神々は、「伊」に由来する神々である。幻の「伊」氏、幻の「伊」国とは、なんと大きな存在であろうか。わが国の神話の根元に横たわる太い根元そのものではないか。

神名ばかりではない。「伊」で始まる神社にも注意しなければならない。その神の名を冠する神社はもちろんのこと、一見「伊」とは無縁のように見えながらも、「伊」を冠している神社も少なくない。

たとえば伊雑宮《いざわのみや》は、伊勢の内宮の別宮で、神宮においても特別の社である。それがなぜ伊雑という社名表記なのか、いまだに真相は判明していない。

▼伊雑宮《いざわのみや》（皇大神宮別宮《こうたいじんぐうべつぐう》）三重県志摩市磯部町大字上之郷字上ノ里３７４
【祭神】皇大御神御魂

他にも伊吹神社、伊豆神社、伊夜彦神社、伊佐須美神社、伊奈利神社、伊草神社、伊須流岐神社、伊奈神社、伊富利部神社、伊久智神社、伊福部神社、伊達神社、伊豫神社、伊曾乃神社、伊豫豆比古命神社、伊気神社、等々、「伊」を社名に冠する神社は約一一〇〇社ある。

しかしなんといっても、その頂点に位置付けられるのはイザナギ・イザナミを祀る神社の本宮であろう。

▼伊弉諾神宮《いざなぎじんぐう》（通称　一宮《いっく》さん、一宮皇大神宮《いちのみやこうたいじんぐう》、津名明神《つなみようじん》）兵庫県淡路市多賀740

【祭神】伊弉諾大神（配祀）伊弉冉大神

淡路国一宮であり、官幣大社でもあった、屈指の大社である。全国にイザナギ神を祭神とする神社は五〇〇〇社にも及ぶが、その大本である。

しかしながら、読者には素朴な疑問が湧いているかもしれない。

そもそも淡路島に何故、イザナギ神宮があるのか。

幽宮《かくりのみや》であったという神話の記述だけで、これほどの神社は造れない。

神話の記述を元に建設された神社は全国各地にあるのだが、その規模は二つに大別される。

とくに由緒のない土地に創建される場合と、そもそも聖地信仰が根付いている土地に重ねて建設される場合とあって、両者には大きな違いがある。

現代において新たな神社建設あるいは建て替えがほとんどないのは、ひとえに費用の問題である。

そのような事情から考えれば、少数の特例を除いて、ほとんどの神社は現在の社殿が何らかの理由で失われた場合、もはや往古のままの姿での再建は難しいだろう。材木も葺き屋根も、それを扱う職人自体も手配が難しい。そして何より、莫大な建設費用の調達が難しいことだろう。そういう時代に私たちは立っているのだ。

　そしてここ伊弉諾神宮は、淡路島という島地にある。歴代の都から常に遠く、しかも出雲や筑紫などのようにとくに栄えた地方都市があったわけでもない。それでも大社が築かれるのは、それほどに強い信仰によって支えられたゆえに他ならないだろう。物理的な困難は、信仰心によって克服される。

　イザナギが、国生み神生みを終えて、ついに亡くなる時を迎えるが、各書は次のように記している。

▼『古事記』
「伊邪那岐の大神は、淡海《あふみ》の多賀《たが》に坐《いま》す。」

（イザナギ神は、近江の多賀に鎮座する。）

▼『日本書紀』
「伊弉諾尊、神功《かむこと》既に畢《お》へたまひて、霊運當遷《あつし》れたまふ。

　これを以て、幽宮《かくりのみや》を淡路の洲に構《かま》へて、寂然《しずか》に長く隠れましき。」

（イザナギ神は、神の仕事を終えられて、病んで亡くなられようとしていた。

　そこで、幽宮を淡路の地に造営して、そこに静かに永く隠れられた。）

▼『先代旧事本紀』

「伊弉諾尊、功《こと》すでに至り、徳《いきほひ》また大なり。
神功《かむこと》すでに畢《お》へたまひ、天《あめ》に登りまして報命《かへりごとまう》したまふ。
日少宮《ひのわかみや》に留り宅《す》みたまひ、また霊運當遷《あつし》れたまふ。
これを以て、幽宮《かくりのみや》を淡路の洲に構《かま》へて、寂然《しずか》に長く隠れましき。
また、淡路の多賀に坐す。」

（イザナギ神は、なすべき仕事を果たし、その徳は大きい。
神の仕事を終えられて、天に登り報告された。
日少宮に留まっておられたが、病んで亡くなられようとしていた。
そこで、幽宮を淡路の地に造営して、そこに静かに永く隠れられた。
すなわち淡路の多賀に鎮座なされた。）（＊書き下し、口語訳とも著者による。）

これを見ると、ひとり『古事記』のみが「淡海」としているのだが、これを「淡路」の誤写とする説がある。淡海であれば近江国のことであり、多賀に鎮座する多賀大社こそがそれであるとして地元では古くから信仰されている。

ただ、多賀社は『延喜式』では小社であって、『古事記』の記述をもとに官幣大社に列せられるのは大正時代になってからである。

つまり、伝承ではさほどに高い社格ではなかったのだ。

したがって、イザナギ神が祀られていることそのものは良いとしても、「神々の父」を祀る本宮とするのは無理があるのではないか。

それゆえに、淡海ではなく淡路が正しいという誤写説は、実際に淡路国に伊弉諾神宮が鎮座するところから、広く支持されている。

イザナギは、国づくり、神生みを終えて、淡路国に幽宮を建てて隠れ給うた。この鎮座地・多賀こそは、神々の父たるイザナギ神の幽宮、すなわち墓陵なのだ。墓陵であればこそ、ここに伊弉諾神宮は建立された。ここは、神々の物語の始まりであり、終わりでもある。すなわち、神道信仰の究極の聖地霊地と言っても良い。

伊弉諾神宮大鳥居（現）

伊弉諾神社（現・伊弉諾神宮）を参拝する皇太子殿下（昭和天皇）

そして話は原点に返る。「伊」字神名の第一号たるイザナギは、なぜ淡路国に埋葬されたのか。それは、この地が「伊」氏一族がヤマト侵攻をおこなうための最初の上陸地だからである。

そして紀伊半島の南端・熊野にはイザナミの墓伝承がある。花《はなの》窟《いわや》である。

レイ・ライン＝「太陽の道」は「伊タケルの道」

瀬戸内の海路を経てここに来るのは、彼らの侵攻計画がある原理に則《のっと》っていたからであった。それを俗に「太陽の道《レイ・ライン》」という。

北緯34度32分の東西に走る一直線のライン上に、多くの貴重な祭祀遺跡や神社がある。東の端は三重県・伊勢の斎宮《さいくう》跡、西の端の淡路島には伊勢の森・伊勢久留麻《いせくるま》神社がある。

▼斎宮跡（斎王の森史跡公園）　三重県多気郡明和町

▼伊勢久留麻《いせくるま》神社（通称　久留麻の明神さん　三の宮）　兵庫県淡路市久留麻２０３３

【祭神】大日孁貴尊

この「二つの伊勢」のあいだに、古代の祭祀遺跡や古い由緒をもつ神社が点在していて、共通点は太陽神の祭祀と、磐座・磐境である。

長谷寺、三輪山、檜原神社、国津神社、箸墓、二上山などが同一線上に並び、倭迹迹日百襲姫命《やまととどひももそひめのみこと》、倭姫命といった女性祭祀者のイメージも共通する。

すなわち太陽信仰に深い関わりをもった古代の「聖線」であり、「太陽の道」と名付けられた由縁でもある。

それでは、北緯34度32分の東西ラインとは何か。

古代王朝の政治的演出の一環であったと考えられているようだが、地図や磁石のあるはずのない古代のことで、一体いかなる測量技術によったものかとひと頃話題になった。いわく「未知の知恵が古代にあった」「神々の足跡にアプローチ」等々。「現代でも困難な測量が、古代にこれほど正確におこなわれていた驚き！」というおきまりのパターンである。

インカの石組み技術やイースター島のモアイ像、エジプトやマヤのピラミッド建築技術も同様だが、必要以上に技術の高度さを強調するのは真実を隠してしまう。そして残念ながら、この印象はいまだに尾を引いている。

しかし「北緯34度32分の東西ライン」とは、実は単純明快なものである。

「太陽の道」は、「春分・秋分の日の出・日没ライン」であって、この線の上に宗教施設を設けるのは陰陽五行説に基づいた古代道教（地理風水）・陰陽道にとっては基本的な手法の一つである。

しかもこのラインを見出すのは技術的にもさほど難しいものではなく、少なくとも大発見のように騒ぐようなたぐいのことではないのだ。

陰陽五行による地勢判断は、四千年以前から「天文」を観測し「地理」を見極め、都市を造ってきた。日本でも、天武天皇の時代に本格的に導入されて、陰陽道として完成される。その技術は、その後の首都——藤原京から平城京、平安京、東京に至るまでのすべての選定・建設に用いられた。

「太陽の道」は、それらの技術の基本である。


また、北緯34度32分の東西ラインは、淡路島で終点ではない。

淡路からさらに西にラインをたどると、浅口市金光町に金光教の本部もある。広島県佐伯には天上山山頂。他にも神社や遺跡は少なくない。

またさらに遥か西へ海をも越えてたどって行くと、西安市つまりかつての長安の都もある。西安市は、北緯33度39分〜34度44分にあるので、ほぼ同じライン上である。

古くから言われてもいるように、

「土地が肥沃で快適に暮らせる場所は、北緯30〜40度の間」

とされる。太陽を拝するのであればその中心線の35度あたりになるのは当然で——つまり夏と冬の中間点・春分秋分点——、そこが畿内のように山岳地帯でなければ、街造りも当然この一帯になるだろう。


ちなみに〝近代都市〟はもう少し北寄りの緯度ラインに集中している。ロンドン、パリ、ベルリン、モスクワは50度付近なので海流のサポートがあるとは言ってもかなり寒い。北京、ニューヨークは、日本でいえば青森辺りの緯度になる。近代文明は、より勤勉であるべく、快適さを犠牲にする宿命なのかもしれない。

「太陽の道」が示すものは「古代から人類は、より快適な場所の見出し方を知っていた」という厳然たる事実である。それに比すれば、現代人はむしろ「わからなくなっている」のかもしれない。

私たち現代に生きる者は、古風な羅針盤や魯班尺に頼らずとも、カシミール3Dのような地図ソフトやGPS（衛星波羅針盤）を用いて簡単に線が引けてしまう。そのため、「古代においてはそれは不可能であったろう」との推測をしがちである。

しかし決してそんなことはない。聖地を知る能力、聖地を見出す技術は、現代人よりはるかに長けていたことは、全国各地の神社（古社・延喜式内社）の存在地点が証明している。驚くべきことに、春分秋分ラインに限らず、夏至・冬至ライン、またその他の原理に基づく全国のラインやポイントには、すでに古代から神社が隈なく建っているのだ。主な寺院が建っている場所も、ほぼすべてが元は神社もしくは古代祭祀地である。

なお、いくつかの重要な施設がライン上から微妙に外れているが、これも簡単なことで、測量ミスにすぎない。あたかもその根底に不可思議な理由があるかのようにほのめかすのは、まるで現代の私たちにさえ想像もできない超能力の存在を示唆するようでいただけない。

すなわちこれは、特別不思議な現象ではないのだ。「太陽の道」は、きわめて科学的な、しかも初歩的な天文地理技術の一つの成果である。

太陽信仰は、星の信仰の中では最も基本的なもので、その証しである太陽の道は、最も素朴な信仰の形である。

周知のように〝星〟の信仰は他にもあって、北極星や北斗七星（北辰信仰・妙見信仰）、月（中秋信仰）、天《あま》の河（七夕信仰）などが日本では代表的なものだが、当然のことにこれらにまつわる地理地相は各地にあって、それぞれに天文と直接間接に関わる理由がある。

話を元に戻そう。日本の「太陽の道《レイ・ライン》」は、「伊タケルの道」である。「北緯34度32分の原理」は、ヤマト侵攻のルートであったのだ。

イタケルは海人族の王

熊野は、地理的に辺境である。これだけ交通手段の発達した現代においてさえ、熊野三社を訪ねるにはちょっとした覚悟がいる。

私は東京在住だからまずは名古屋か大阪に出て、そこから在来線。名古屋から新宮まで特急で三時間半。これが最短である。

かつて友人の親族の葬儀に参列するために太地町を訪れたことがあるのだが、その時は仕事の都合もあって大阪から往復して片道四時間であった。それから約二〇年経つが、今でもやはり四時間かかる。

鉄道が敷設されたのはたかだか百数十年前のことで、それ以前は陸路は徒歩によるしかないのだから、さらに隔たりは大きい。

しかしながら、海路は、古代から変わらない。風の力と、海流と、航海技術を知れば、海路は最も便利で効率的なルートである。かつては「海上の道」によって一体であった東シナ海沿岸地域の東の果てが、紀伊半島であるだろう。ここは、古くから海人族の拠点である。

『新撰姓氏録』の区分に従えば、日本の海人族には、天神系の海人族と、諸蕃系の海人族がある。渡来時期の違いによるもので、紀元前の渡来が天神系となり、紀元後の渡来が諸蕃になったと思われる。

海人族の代名詞とも言うべき海部氏は、その名の通り元々は「海の仕事に携わる人人」で、漁業および操船航海術によって朝廷に仕えた品部《しなべ》の一つだ。

記・紀の応神朝に「海部を定めた」とあるところから、対朝鮮半島の水軍兵力として、とくに海人を組織することが求められたからと思われる。

全国各地の海部を朝廷の下で伴造《とものみやつこ》として統率する役割を果たしたのは、同族の阿曇連《あづみのむらじ》や凡海連《おおしあまのむらじ》であった。「あづみ」は「あまつみ」の転訛で、本来は「海人津見」であろう。阿曇連や凡海連も、渡来系の氏族であるが、いってみれば海人族とは海洋民族のことであって、基本的に陸地民族とは異なる規範を持っている。

とくに古代においては、陸上の道よりも海上の道のほうがはるかに利便性が高く、これを特権的に利用活用する海洋民族は、地理観や規模観もよりダイナミックで、ある種の国際性を先天的に身に付けている。陸がつながっていなくとも、海がつながっていれば一つの経済圏であるというのは、一種のコスモポリタニズムであるだろう。

ある時期、海人族は世界各地に雄飛するが、陸地の政権との軋轢から分断と定着を余儀なくされる。日本においても同様で、「あま」の音に因む地名が全国の沿岸地域に数多く残っているのはその名残である。こうして海人族が、古代から日本文化に深く関わっていたのは間違いない。

なかでも品部の呼び名がそのまま氏の名となっている海部氏は、文化史の上でもよく知られている。先に述べた丹後の籠神社《このじんじゃ》は、海部氏が代々宮司を務めるものだが、『籠《こ》名神社《みょうじんしゃ》 祝部《はふりべ》氏係図《うじけいず》』（通称「本系図」）、『籠名神宮《こみょうじんぐう》祝部《はふりべ》丹波国《たんばくにの》 造《みやつこ》海部《あまべ》直《あたい》等《とう》氏之本記《うじのほんぎ》』（通称「勘注系図」）という家系図がある。「本系図」は、平安時代初期（貞観年間）の書写で、現存する家系図では最古のものであり、「勘注系図」とともに国宝に指定されている。

海部氏の祖神は天火明命（彦火明命）であり（『日本書紀』）、丹後・籠神社の祭神である。海部氏は、古代よりその丹後一帯を支配域とする海人族であるとされるが、同祖同族は長い間に広く各地に勢力を得た。

なかでも籠神社の海部氏は、丹後国の国造であるからこそ宮司家でもあった。同族の尾張氏も尾張の国造となり、熱田神宮の大宮司家を代々務める。また津守《つもり》氏もその地の有力者であり、住吉大社の代々の宮司家である。その地の最大の有力氏族が祭祀家でもあるというのは、早くも古代には定着していたので、海人族が各地で実力者として定着したことがよくわかる。

物部の氏神、誕生す

さて、本書では新たな解釈を重層的に提示している。それゆえに、常識や定説の基軸がゆらいでわかりにくい点もあるやもしれない。

そこで、「神格の異同」について、本書の論点を時間軸によってここに総括しておこう。それぞれの土地で異名で祀られた経緯の概要と、〝物部の氏神〟が誕生するまでの流れを概観する。

【紀伊名草】

父王・スサノヲの命によりイタケル（五十猛＝伊建）は海路アワヂを経てカワチに上陸し畿内全域を制圧した。

イタケルは王となり、伊国を建国。伊国の王都は名草郡萬代宮（現・和歌山市秋月）に設けた。現在、日前神宮・國懸神宮の鎮座する地である。

伊国とは大和、三輪、熊野を含む紀伊半島全域に亘る国であった（イタケル神のみがひとり自然な信仰圏を保有するのに対して、イタケルの別名であるニギハヤヒは自然な信仰圏と無縁であることも、傍証の一つ）。

しかしその後、筑紫から攻め上って来たイワレヒコ（神武天皇）軍に敗北。

伊国の王位（オオキミ位）を追われたイタケルは、伊の杜（伊太祁曾神社の旧社地）に幽閉。伊国は奪われ、伊氏を名乗る一族は歴史の表舞台から消え去った。

新たな国名はイワレヒコによってヤマトとされるが、南西部は紀氏に与えられ「紀国」とされる。後に呼称に「伊」の名が加わる。

【大和三輪】

イタケルは大和へ移され、そこで亡くなる。墓陵は石上・布留山。鎮魂の御名は布留御魂大神。時に大いに災厄があり、隕石の落下（降《ふ》る神）による地震も起きた。一連の災厄はイタケルの祟りと恐れられた。

ウマシマジは伯父・長髄彦を殺し、イワレヒコに帰順。長髄彦の墓陵は三輪山。鎮魂の御名は大物主神。オオモノヌシとは「モノノフの主」を意味するもので、モノノフとは武力に優れていた長髄彦の尊称である。後に「物部」の字が当てられる。時に大いに災厄があり、長髄彦の祟りと恐れられた。

イタケルの祟り鎮めのために石上神宮が、長髄彦の祟り鎮めのために大神神社が建立される。国を奪われた王を慰霊するための祭祀呪術である。

【紀伊熊野】

かつてイタケルの君臨した熊野は、地震による津波の被害を古来繰り返し受けている。

そこで新たに海辺に新宮を創建し、地震・津波の神を祀る。それが祟り神となったイタケルである。隕石を表す神名「速玉」として祀る。

熊野速玉社は、布留御魂大神の神威によって地震と津波を鎮めるために祀られた。神倉神社は、神武勝利の象徴である師霊剣の霊位である布都御魂大神の降臨地であって、新宮速玉社と直接の関係はない。

【大和矢田】

名を失った一族は、通称の「モノノフ（物部）」を名乗り、故地に氏祖イタケルを氏神として祀った。矢田坐久志玉比古《やたにますくしたまひこ》神社である。氏神としての神名はニギハヤヒである。

ニギハヤヒという名は、天変地異を引き起こす「隕石」から恐れを込めて名付けられた。「速日」とは隕石のこと。

樹木や五穀の種子をもたらした〝恵みの神〟であるにもかかわらず、最大の恐怖である地震・津波の原因となる隕石〝速日〟と名付けたのは、なにゆえか。それは「祟り神」となったからである。

「速日」とは「速い火の星」すなわち「隕石（彗星）」のことであって、「速日」と「速玉」は同じ意味の言葉である。「ニギ」は尊称。

ここに、物部氏の氏神としてニギハヤヒ神が誕生した。しかしてその実体はイタケルである。

そして石上神宮において、速日を布留として、速玉を布都として併せ祀ることによって、国家の祭祀王としての地位を不動のものとした。

敗者・物部は、祖神を異名のニギハヤヒとして祀り、『先代旧事本紀』（旧事紀）を編纂することで生き残った。

ニギハヤヒを祖神として誕生させた物部氏は、その系譜の正統性を主張するために『先代旧事本紀』を編纂した。神武建国に先立つ〝先史建国〟である。

そして、イタケルの父・スサノヲは「原罪」を犯して追放されたと神話に記されるのだ。それが敗者の処遇である。「原罪」とは太陽信仰への反逆罪である。

第5章　ニギハヤヒ神話が証す天皇の秘密とは　八咫烏と太陽信仰の誕生

八《や》咫烏《たがらす》の正体

日本神話に登場する神々は、基本的にすべて実在したと考えられることは、拙著ですでに繰り返し述べて来た。その視点から神話を読み直すことによって、〝謎の神〟はその正体を顕《あらわ》し、神話が意図的にシンボライズしている真相が浮かび上がる。

その方法論でアプローチしなければならない謎が、ここにもう一つある。「八《や》咫烏《たがらす》」だ。熊野三社の神使であり、熊野本宮大社と熊野那智大社の神紋にもなっている三本足のカラスである（写真は熊野那智大社の絵馬）。神武天皇が熊野に上陸した際に、高皇産霊尊《たかみむすびのみこと》によって派遣され、ヤマトまで導いた神使である。

三足烏《さんそくう》という異形の存在は、現代の日本人一般にはまったく馴染みのないものであったが、突然、日本サッカー協

熊野那智大社の絵馬に描かれた八咫烏

会（JFA）のシンボルイメージに採用されて、古代の神が二千年の時を超えて甦ってきたかのようだ。これは日本人にとって、とりもなおさず「僥倖《さいわい》」ととらえるべきだろう。とくに子どもたちが神話世界に馴染むための入口として、絶好だ。

ちなみに日本サッカー協会は、ホームページでシンボルマークについて次のように解説している。

「ボールを押さえている三本足の烏は、中国の古典にある三足烏と呼ばれるもので、日の神＝太陽をシンボル化したものです。日本では、神武天皇御東征のとき、八咫烏が天皇の軍隊の道案内をしたということもあり、烏には親しみがありました。」

これではまるで、中国の古代神・三足烏が、神武天皇をヤマトに案内して日本国が建国されたかのようではないか。

しかしもちろんそんな意図はなくて、前半と後半に連続性はないだろう。この作文が単に拙いだけであって、連結連続のつもりはないはずだ。なによりも日本サッカー協会には、それだけの思想的たくらみをおこなうような人物は見当たらない。

おそらく「神武天皇御東征」という語彙の政治的印象を緩和するために、「中国の古典」を持ち出したものだろう。

しかしそれならば、なぜ日本サッカーが「中国の古典」に頼らなければならないのかということになるが、詰問するのは止めにして「神武天皇御東征」こそが本当の本音なのだろうと好意的に解釈しておこう。神武天皇のヤマト上陸が、どのような政治的評価になるのかはともかく、建国の志《こころざし》をもって世界に打って出ようとの心意気として受け止めようではないか。

しかしそれでも、この説明ではまったく足りない。とくに子どもたちには、なぜここに突然「三本足」という奇形のカラスが登場するのか理解できないだろう。

なぜカラスなのか。

なぜ三本足なのか。

シンボルマークでは、カラスの三本目の足がサッカーボールをキープしているので、少なくとも足とボールとの関連を認識した上でこの絵柄になったのだとは認められる。

さらに忖度《そんたく》すれば、サッカーは足のみでボールを操る競技なので、手のない鳥が、足が一本余分にあるほどの活躍を象徴している、とも解釈できる。

金烏《きんう》玉兎《ぎょくと》

三本足のカラスについては、歴史的には様々な事例や解釈が挙げられているが、はたしてその実像とはいかなるものか。

確かに古代中国において、三足烏《さんそくう》の伝説・神話はいくつか伝えられている。

すでに二〇〇〇年以上前の『淮南子《えなんじ》』（前漢時代の紀元前一五〇年頃成立）に、「日の中に踆烏《そんう》あり、月の中に蟾蜍《せんじょ》あり（太陽の中にはうずくまったカラスがおり、月の中にはヒキガエルがいる）」

とある。

「カラスは太陽の化身」という説は、このあたりが発祥であろうか。

『論衡《ろんこう》』（後漢時代の九〇年頃成立）には、

「儒者曰く、日中に三足の烏あり、月中に兎・蟾蜍ありと」

とある。

　このあたりから「月に兎」も登場する。

なお、実際に出現したという記録もいくつかある。

後漢の章帝、元和年間（『宋書』二十九巻）に、

「天地に慈孝すればすなわち至る」

として、三足烏が出現するのはこの世に理想的政治が成った証しとされた。

同様に、『周書』巻四には、北周の明帝が即位した翌年に三足烏が献上されたとある。

つまりいずれも三足烏は吉兆、瑞兆のシンボルとされていたのだ。

　前漢時代の画像石には、白虎の後ろに従うように太陽が描かれていて、その太陽の中に三足烏が描かれている。この烏は「金烏《きんう》」という。金色のカラスである。

　全身が金色であれば、もはやカラスではないように思われるが、古くからの伝説に基づいてあくまでもカラスとしているのかもしれない。しかし絵を見る限りでは、尾羽が長く、さながら鳳凰のようなのだが。

日に烏、月に兎。ここから、「金烏《きんう》玉兎《ぎょくと》」という言い回しも生まれる。

ちなみにかの有名な陰陽師・安倍晴明の編纂になるとされる『金烏玉兎集』という書物がある。陰陽道の秘伝書とされている。

正確なタイトルは「三國相傳陰陽輨轄簠簋内傳金烏玉兎集《さんごくそうでんいんようかんかつほきないでんきんうぎょくとしゅう》」。通称「簠簋《ほき》」という。

「三國相傳」とは、インド、中国、日本に伝えられた重要かつ貴重な書であるという意味で、仏教経典などに見られる表現。

「陰陽輨轄《かんかつ》」は、陰陽説をすべて管轄しているという意味。

「簠簋《ほき》」とは、古代中国の青銅器で、外側が方形で内側が円形のものを「簠《ほ》」、逆に外側が円形で内側が方形のものを「簋《き》」。

いずれも陰陽道の宇宙観・世界観である「天円地方《てんえんちほう》」を象徴している。酒を入れて、神に捧げた器であろうと考えられている。

「内傳」は、内々に伝えられたもの、秘伝という意味である。

そして「金烏」は、三本足の金の烏で、太陽の化身。「玉兎」は、月に棲む兎で、月の化身。金は太陽で、玉は月のこと。——タイトルに用いた意味は、やはり瑞兆を表すからであろうし、また同時に陰陽の象徴としてとらえているものだろう。

ところで、三足烏の事例として、朝鮮の高句麗時代の古墳壁画もしばしば事例に挙げられる。太陽を円で表し、その中に三本足のカラスが描かれている、というものだ。

しかしはたしてそうか。図案化した円環の中に三本足の鳥《とり》が描かれたものだが、鳥には鶏冠や尾羽が描かれており、これはどう見ても鳳凰である。周囲の円環には火炎の紋様が描き込まれているので、こちらは太陽をシンボライズしたと考えて良いだろう。つまり、ここに描かれているのも、「火の鳥・鳳凰」であろう。朝鮮には他に事例は見当たらない。鳳凰は、三足烏より後代のものであるから、高句麗の古墳もその頃のものであろう。

中国から消えた三足烏が日本に出現

三足烏《さんそくう》は、周代より登場し、漢代にピークを迎えるが、その後ふっつりと中国の歴史の表面から消え失せる。

それと軌を合わせるかのように、日本で出現する。

余談であるが、宮中や神社で奏される雅楽《ががく》は、それにともなう舞とともに日本文化を代表するものの一つだと認識されている。なにしろ千数百年前からわが国に定着していることは紛れもない事実であるし、雅楽は、天皇を中心とする太陽信仰の重要な装置でもある。

しかし雅楽は、もとは周王朝の宮廷音楽である。

ところが日本にのみ完全な形で残っている。

これは単なる偶然ではない。千年以上に亘って継承し続けるというのは並大抵のことではないのだ。そして発祥地の中国から消滅したのは必然である。

いにしえの周王朝の文化は、呉や越を経て、日本が受け継いだのだ。

それでは、なぜ日本が受け継いで、中国からは消滅したのか。

答えは単純明快だ。その文化の担い手が彼の地からこの地へと移住したからであるだろう。楽舞の演奏家や舞い手がいなくなれば楽も舞も失われるのは当たり前で、それとは逆にどこのどのような地であろうとも演奏家と舞い手が移ってきて住み着けば、そこに楽舞は定着することになる。

失われた地が中国で、新たに定着した地こそは日本であろう。二千年ほど前に起きた、ちょっとした文化移転の一例である。その人たちの直系の子孫は、今も変わらずに宮内庁楽部で職務を担っている。

そして、三足烏にもそういった背景があったのかもしれないとは私の空想だ。江南（呉や越）からわが国へ渡来した人たちが、様々な文化とともに三足烏も運んできた。それはきっと雅楽や蹴鞠《けまり》よりさらに古い時代のことかもしれない。

その昔、サッカーという球技はもちろんまだない時代に、東洋にはすでに「蹴鞠」という球技があった。

蹴鞠は、さしずめサッカーのリフティングだけで競技しようというもので、わが国でも貴族たちの中では歌道・香道などと並んで〝球道〟もなかなか人気であった。

中大兄皇子が蹴鞠に興じていて、そのこぼれ球を中臣鎌足が拾って取り入ったことから大化の改新が成ったことは、あまりにも有名なエピソードだ。しかもその球拾いにすぎなかった鎌足は、その後「藤原」という姓を賜り、以後の日本は千数百年間に亘って藤氏一門が支配し、現代においてもなお、藤氏によって牛耳られているのだ。

つまり、わが国においては「蹴球《しゅうきゅう》」なるものは、国家経営の根幹に関わる重大事なのであった（もちろん冗談だが！）。

異形の神

黒いカラスで、しかも足が三本という奇形。——これを不吉と言わずして、何を不吉と言うのかというほどに異様な姿である。

しかし、これは即物的に「奇形のカラス」を示しているのではないだろう。三本足のカラスを〝鳥類〟としていくら訴求してみても意味はない。

神々の実在を思うのと同じことで、この世ならぬ〝怪物〟や〝異形〟はあくまでも表象であって、その姿にシンボライズされた〝正体〟が実在するのだと考えれば良い。もとよりいかなる〝怪物〟や〝異形〟もそのままでは存在せず、それらは実在する特定の人物や集団を暗喩しているだけのことだということだ。

記・紀には、八咫烏のみならず怪物や異形が時々登場する。

たとえば両面宿儺《りょうめんすくな》。飛騨に現れた異形の者で、前後に顔が二つ、腕が四本、足も四本あった。弓矢と剣を同時に操り、飛騨の民を苦しめていたので、仁徳天皇は武将・武振熊命《たけふるくまのみこと》を派遣して退治したと『日本書紀』にある。足が三本あっただけの八咫烏どころの話ではない。

他にも酒呑童子、天狗、鬼、河童、案山子《かかし》など、物の怪や変化《へんげ》の類には事欠かない。しかしもちろん、このような異形の者がそのままに実在するはずはなく、何かの比喩であろうと考えるのが真っ当な知性というものだろう。

なお、熊野信仰と直接の関係がないにもかかわらず八咫烏を神紋としている神社もある。青森の羽黒神社は、本来は山形羽黒修験に由来する神社と思われるが、「羽黒」という社名にちなんで八咫烏を神紋としたものだろう。また、三世紀頃に、朝鮮系の渡来人が創建したと伝えられる滋賀県の神明神社は、すでにあった八咫烏伝承と朝鮮族の旗印である鳳凰を合体させて神紋としたのではないか。

▼羽黒《はぐろ》神社　青森県黒石市浅瀬石字清川136
【祭神】倉稲魂命　譽田別命
▼神明《しんめい》神社　滋賀県米原市烏脇260
【祭神】天津兒屋根命

また、大阪の鴉宮《からすのみや》は、祭神も神紋も関わりないが、社名の由来のみ関わる。豊臣秀吉が朝鮮出兵に際して当社で祈願したところ、その森から三本足の烏が現れてお告げがあったという。それゆえ、以後「鴉宮」と称するようになったという。

▼鴉宮《からすのみや》　大阪府大阪市此花区伝法2—10—18
【祭神】天照大神（配祀）住吉大神　蛭子大神

それにしても八咫烏が三本足であるとは『古事記』にも『日本書紀』にも『先代旧事本紀』のどこにも書かれていないのだ。それなのに、なぜ八咫烏は「三本足」とされるようになったのか。

カラス、トビ、カモ

この異形の存在は、普通の感覚では「不吉」なはずであるが、なぜか日本神話では「瑞兆」になっている。

その理由は、姿形や黒い鳥であることよりも、高皇産霊尊から直々に派遣されたという栄誉によるのではないか。

その所以もあってか、三本足の意味は「良い意味」の表れと受け取られ、熊野地方で勢力を誇った熊野三党である宇井氏、鈴木氏、榎本氏の三氏を表すという説や、「智」

「仁」「勇」の三徳、また「天」「地」「人」を表すなどの説もあるが、いずれも後世の付会にすぎない。

熊野三社が発行する「熊野牛玉宝印」には無数のカラスが図案化されていて古来全国的に知られているが、このカラスにもとくに三本足は描かれていない。

五来重氏は『熊野詣』で烏と熊野の関係を風葬由来に求めている。

「神武天皇伝説の成立する七、八世紀以前から熊野と烏の関係はできており、この烏をミサキ烏というところから、神武天皇の嚮導者に仕立て上げられたというべきであろう。そうすると熊野でとくに烏が霊長視された原因として、別に葬制の特異性をかんがえな

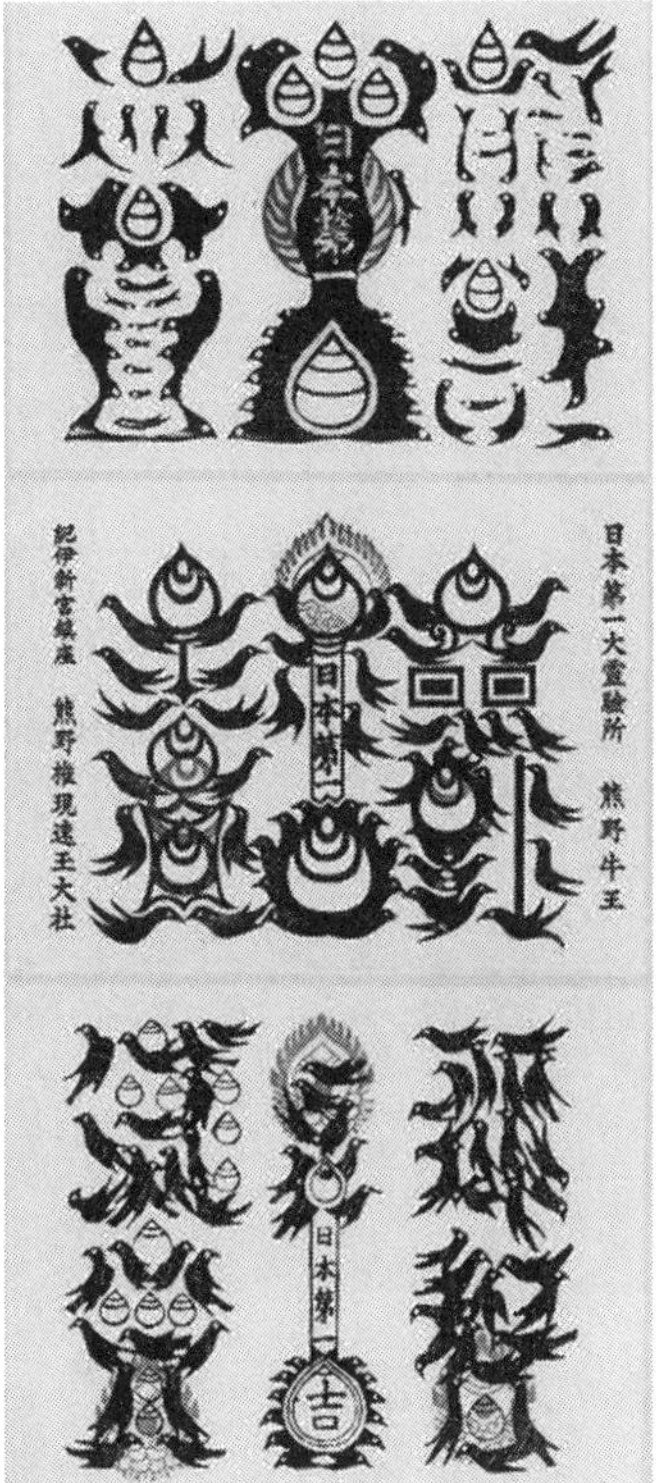

熊野牛玉宝印　上から本宮、速玉、那智
（著者蔵）

ければならない。そして熊野には古墳時代の古墳が存在しないことから、風葬が卓越しており、そのためにとくに烏が神聖視されたものであろうと推理される。」

五来氏のいうように風葬による関わりは古くからのものであるだろう。烏の別名である「ミサキ」が「御先」となるのは確かに成り行きとして当然かもしれない。

ただ、それを祖神として位置付けて、氏族の系譜の源にするというのには、やはり「御先」だけでは不十分であろう。高皇産霊尊に命じられて八咫烏は熊野に降臨したという神話的保証があってこそ、神武東征の道案内に立つことの正統性が成り立つ。すなわち、八咫烏は「天神」だということになるのだ。熊野本宮の神使・眷属とされるのはその由縁によるだろう。死肉に群がるという理由だけでは、神社の神紋になることは考え難い。

『日本書紀』『古語拾遺』では、八咫烏は山城の鴨（賀茂）県主（かものあがたぬし）の先祖とされている。

『新撰姓氏録』の神別・山城国に賀茂県主、鴨県主の記載があり、ともに同祖で、高皇産霊尊＝神魂命の孫であるタケツノミ（武津之身、鴨建津之身）の化身である八咫烏と記している。

奈良県宇陀に、その名も八咫烏神社があって、古い由緒を持つ。おそらくはタケツノミの出自に関わる土地かと思われる。

▼八咫烏神社　奈良県宇陀市榛原区高塚42

【祭神】建角身命

タケツノミを祭神として祀る神社は全国に一〇〇余社。総本社は京都の賀茂御祖《かもみおや》神社、葵祭《あおいまつり》であまねく知られる大社である。

下鴨地区は、賀茂（鴨）氏の本貫地であるが、ヤマト建国にあたって功を挙げ、その後も開拓に貢献して山城国を与えられたものであるだろう。

なお神社由緒では、

「かの神武天皇の御東遷に際しては、金鵄《きんし》・八咫烏としてその霊徳を現され、建国創業をたすけ、民生の安定に貢献された」

と記し、金鵄と八咫烏を同一としている。

八咫烏としばしば混同されるものに金鵄《きんし》がある。

神武軍がヤマト入りしようとした際に長髄彦の軍勢に行く手を阻まれた。するとその時、金色の鵄《とび》がイワレヒコの弓の先端に舞い降りて、その金色の輝きに長髄彦軍は戦えなくなったという。（『日本書紀』）

これにちなんで、戦前は金鵄勲章というものがあった。陸海の軍功あった者に授与されるもので、金色の鵄がデザインされている。

賀茂御祖神社の由緒は、この金鵄と八咫烏を同一としているのだ。

しかしそれならば、なぜその氏族名は鵄《とび》氏や烏《からす》氏ではなく鴨《かも》氏なのだろう。祖神の名も、鵄建角身命《とびのたけつのみ》や烏建角身命《からすのたけつのみ》のほうが鴨建角身命《かものたけつのみ》より妥当と思えるが、遠慮して名乗りは格下の鴨としたか。

▼賀茂《かも》御祖《みおや》神社（通称　下鴨《しもがも》神社）京都府京都市左京区下鴨泉川町59
【祭神】賀茂建角身命《かものたけつのみのみこと》　玉依媛命

これで八咫烏の実体が人間であることがはっきりしたが、だからといって古代中国の三足烏や鳳凰も人間だと言っているのではないので念のため。八咫烏というのは固有名詞であって、あくまでもわが国固有の存在である。そこに三足烏や鳳凰のイメージが重ね合わせられたということであろう。

固有であることの証左は呼び名にある。わが国では決して三足烏とは呼ばず、鳳凰とも呼ばず、八咫烏、そして金鵄と呼んだ。

「八咫」は「大きい」の意。「烏」は「色黒」の意。

意味を素直に受け取れば「長身の」「色の黒い人物」となる。

賀茂（鴨）氏の祖は、当時の人としては稀有なほどの長身で、かつ精悍な武人であったのかもしれない。古代にはアーリア人種も日本列島に入ってきていたようなので、そういった系統の特徴があったとも考えられる。

出自は、葛城系の賀茂氏、備前系の賀茂氏などいくつかの系譜があるが、葛城系であろうか。『新撰姓氏録』では「天神」であって「神魂命《カミムスビノミコト》の孫の鴨建角身命」であると記されるが、『先代旧事本紀』では「高皇産霊尊の子孫」とされる。

いずれにしても、これ以後、賀茂氏は天皇の身近に仕えて、重要な役割を果たすことになる。平安時代には、陰陽道宗家としても名を馳せることになるのはよく知られているが、宮廷祭祀全般に深く関与することになる。

火の鳥、誕生！

ところで、三足烏・八咫烏は太陽の化身とされているが、そもそも黒色のカラスがなぜ太陽なのだろうか。金鵄のように金色であれば太陽の化身と言われても納得が行くが、全身真っ黒の鳥はむしろ夜を連想するだろう。ならば、太陽よりも月が相応しいと思うのは私の浅慮であるだろうか。

先に挙げた「金烏玉兎」も、正直な発想によるものだろう。すなわち太陽は金色で、月は白色である。だから金色のカラスと、白色のウサギであれば、太陽と月の化身とされても誰もが納得するというものだ。

また、漢代にはすでに太陽の黒点を認識していたとする説もあるところから、「三足烏＝太陽黒点」説も出てきたようだ。太陽に黒という取り合わせの不自然さを取り繕うための後付けであろう。

古代人の思考法に素直に思いを馳せれば、陽光に焼けて黒くなった鳥といったところではないか。

むしろ、黒焦げになった鳥と考えるのが普通の感覚ではないのか。そして、太陽に焼かれて黒焦げになっても生命を失わない鳥――それがカラスであり、すなわち太陽の申し子である、とも解釈できる。

鳥は空を飛ぶ能力を持っているが、数多い鳥たちの中で、カラスのみが太陽に最も近づいて全身が真っ黒になるほどに日焼けしたのだと。

そしてそれは特別な存在であることを意味する。

黒焦げになっても死なない鳥――すなわち不死鳥である。西洋ではフェニックス、中国では鳳凰である。

つまり、三足烏は、鳳凰の前身であるということになる。


それでは、足は何故三本なのか。

聖典三書にも「三本足」の記述はないとすでに述べたが、遺跡遺物には確かに「三本足」として描かれている。

キトラ古墳の内壁画や玉虫厨子の装飾画には、まぎれもない三足烏の絵が描かれている。

また、正倉院御物に「桑木阮咸《くわのきのげんかん》」という有名な琵琶がある。正倉院展でご覧になった方も少なくないだろう。胴が円形の琵琶。胴部の装飾画に「三本足の鳳凰」が描かれている。カラスではない。肉眼では絵柄までは判別できないが、平成二年に赤外線撮影によって確認された。

陰陽五行説では、奇数を陽数、偶数を陰数とする。つまり、太陽は奇数であり、月は偶数、とされる。ここから、「三」は太陽を表すという説が出されている。

確かに奇数は陽数であるが、さらに言えば、一・三・五・七・九が陽数であって、九が最上位である。したがって、もしいずれかの数を太陽に限定したいのであれば、九であるべきかもしれない。あるいは陽数の初めである一であるべきか。

であれば、太陽の化身たるカラスは、九本足か一本足が相応しいという理屈になるだろう。

正倉院御物の「桑木阮咸」

「三」という数値は、根元の成り立ちを表すともされる。たとえば三種の神器、三位一体、三原色、三原則、三権、卑俗なところでも、三筆、御三家、日本三景、三大珍味、三猿、三元、等々に用いられている。

神社の神紋では、三つ巴紋を用い

ているところは宇佐神宮を始めとしてきわめて多い。

すなわち、より古い遺跡遺物の装飾画などには「三本烏」が描かれていて、その後の装飾画や文献記録では「三本足の鳳凰」や「金鵄」が描かれている。

黒から金へ、この時点で――奈良時代後期から平安時代初期――太陽信仰へのパラダイム変換がおこなわれたと考えるのは穿ちすぎだろうか。

むろんその変換は、ある日突然おこなわれたわけではない。様々な手続きを経て進められたもので、その集大成は『日本書紀』である。

ニギハヤヒは天の磐船に乗って何処からやってきたのか。答えは、高天原である。これは言うまでもないことだ。聖典三書にそう記されている。

それでは高天原とは、何処なりや。これが問題なのだ。

これについては文字通りの百家争鳴で、宗教的な観念論から、九州・朝鮮・中国などの現実論まで様々な説がある。

いずれにしても確実なのは、思想的には高天原とは「日の国」であるという点だ。すなわち太陽の国である。太陽を崇敬し、太陽神を思想的中心に据えている。

だから、その依り代＝シンボルは「鏡」である。

ニギハヤヒは天の磐船に乗って、太陽の国からやってきたのだ。日の神・アマテラスから授かった「鏡」をたずさえて。十種の神宝には沖津鏡《おきつかがみ》、辺津鏡《へつかがみ》が、まず掲げられているのは、その証左である。

ご神体・依り代の本来の姿

いまさら言うまでもないことだが、十種の神宝も三種の神器も、忽然と現れたわけではない。虚空から出現したわけでも、天空から降ってきたわけでもない。無から有は産み出せない。鏡も剣も、元になる材料があり、製造する技術があり、誰かが誰かのために製造する。

そして、必ずどこかで製造されたものであり、かつそれぞれの経路を経て、最終的に宮中に入ったものである。神話の記述は、その出自や経路を知るための、最も有力な手掛かりの一つである。

時代や製造法、あるいは素材などが、教えてくれる事柄もある。国産か舶来かも、ある程度推定できるだろう。そしてそれは、国家の起源に直結するものだ。製造元が、即起源ではないが、それを入手し、位置付ける過程を見極めれば、国家の起源、神社神道の起源が見えてくるだろう。

しかしこういった考究を「不謹慎」という人もいる。

御神体・依り代は、神聖にして冒すべからざるものであると。

しかし私はそうは思わない。私自身も神道人であり、神宮を始めとする神社すべてについて畏敬の心はひとに劣るとは思わないが、それとこれとは別である。

そもそも神社・神道の御神体は、突き詰めれば神奈備《かんなび》（山）、神籬《ひもろぎ》（森）、磐座《いわくら》（岩）、靈《ひ》（光）の四種である。人工的な物品を神体・依り代とするのは後発のことであり、本来の神道信仰にはないもので、道教や仏教その他と習合して採用されたものである。

つまり、なんらかの「物品」を神体とするのは、さほど古い起源ではないのだ。

神社建築の本殿も、それら物品の御神体を納めるために造られたものであって、それより古い形式の神社には本殿がないことはすでに触れた。

たとえば奈良の大神《おおみわ》神社や埼玉の金鑽《かなさな》神社、長野の諏訪《すわ》大社本宮《たいしやほんみや》などは、拝殿のみで本殿がない。背後の神体山をそのまま参拝するようになっている。これが、神道の本来の姿である。

かつての神社はすべてがその形であったが、その後、多くの神社が御神体に依り代を据えて、その保護のために社殿（本殿）を建築した。私たちの多くがイメージする姿は、この時から始まった「神社信仰」「神社神道」である。


ところで寺院はほとんどが西向きであるが、これは西方浄土に由来する。

では神社は、というと、多くは南向きであり、一部東向きである。

そしてその理由こそは、太陽信仰にある。

神社は人工の建築であるから、当然ながら明確な意図をもってそのように設計されている。依り代である神体山や磐座がいかなる向きにあろうとも、神社建築はこの原則を遵守している。そして、南面する神社は、日本人の原風景である。

明治の神社合祀によってその数を大きく減らしてしまったが、それまで二〇万とも三〇万ともいわれる数の神社が日本全国に隈無くあって、そのほとんどが南向きであった。そしてそれらは古いもの（社殿建築）は千数百年前から人々の暮らしの中心にある。日本人がその影響を受けるのは必然である。

それでは太陽信仰の本質とは何か。

太陽信仰とは、天皇信仰である。天皇信仰とは、太陽信仰である。この両者は同義だ。少なくとも私たちの祖先が採用した時は同義であった。したがって本質なのだと再認識したい。国民統合のシンボルとして「日の丸」が生まれるのは、自然の成り行きであった。

「まつり」の本質は「祟り鎮め」

神社と祭り（祀り）が不可分の関係にあることは、いまさら言うまでもないだろう。神輿も山車《だし》も神の乗り物であり、祭りは神をことほぐものだ。そしていずれも神社から出て神社に帰る。

心得違いしているひとも少なくないが、寺院と祭りは無関係であって、本来寺院に祭りはない。あたかも祭りのようにおこなう催事が寺院でも見受けられるが、それは神社の手法を真似たものである。

おそらく祭りの起源は縄文期までさかのぼるもので、今よりはるかに素朴な形で営まれていたと思われる。

「まつり」とは、祭り、祀りと表記するが、本来は「まつりごと」であって、「政事」でもある。祭祀と政治とが不可分に一体であった古代日本の思想であって、これを今なお実践しているのが天皇である。

また、厳粛なる「祀り」としては全国の神社において神職が実践しており、賑やかな「お祭り」としては全国各地で四季折々に実践されている。

また、神社の祭りは、そこに祀られる神の性格と深く関わっている。そして祭りの本質は、祟り鎮めである。

私たちの祖先は、世の不幸不運は怨みを持つ神霊の祟りであると考えていた。その神霊の怨みや怒りを鎮めることが、不幸から逃れる方途であると考えた。それが「祭り」の発祥だ。

祭りの発祥は、「天の岩戸開き」である。アマテラスが岩戸の中に隠れてしまったので、もう一度出てきてもらうためにおこなった踊りや音楽による賑わいである。

アマテラスは、スサノヲの乱暴な行為に怒って岩戸に引きこもった。つまり「怒り」によるものだ。

アマテラス引きこもりによる結果が「暗黒の世界の出現」である。これを「祟り」という。

岩戸開きの祭りは、その「怒り」を鎮め、慰めるための催しである。すなわち「慰霊」「鎮魂」である。

すでに述べたが「鎮魂」の意味には二種あって、自らの魂を鎮める意味と、何ものかを慰霊する意味とあるが、慰霊のほうが先にあって、それを神職の修法としたに過ぎない。折口信夫は、みずからのためにおこなう鎮魂・魂振りを神道の根元に見たが、なにもないところに突然発生的にこのような修法の生まれるはずがない。私の師匠筋にあたるので尊重するにやぶさかではないが、信奉者による盲信は、かえって弊害を生むだろう。

――こうして成立した太陽信仰は、新たな「禁忌」を創った。「原罪」と言っても良い。

文明は、より進歩すればするほど、またより高度になればなるほど、背中合わせに脆弱さをも併せ持つのは宿命だ。わずかなほころびから、文明文化は驚くほどもろく崩れ去る。それを防ぐためには、あの手この手の防御が必要になる。厳格な法規による取り締まりであったり、暗黙の掟であったりとひたすら増加する宿命を負う。そしてその根源に、宗教的原罪が据えられる。

イタケルの父・スサノヲは「原罪」を犯して追放されたと正史に明記されている。それが敗者の処遇である。「原罪」とは太陽信仰への反逆罪である。そして「大祓詞」にある天津罪と国津罪、これこそは日本人の原罪である。

スサノヲが犯した罪を天津罪として、これに国津罪を加えて、神道は「大祓」をおこなう。すなわち、「これらの罪を犯す者は日本人ではない」と言っているのだ。

とくに天津罪は、これを犯したことによって、スサノヲが高天原を追放された特別の罪だ。しかも、髪と爪を切った上で。これは魔力を封じる呪術であって、サムソン神話とまったく同じ性質のものだ。

前著『ヒルコ』で私は、スサノヲは徐福であると結論した。つまり、天津罪は徐福、もしくはその一行が犯したものであろう。中国江南から渡来した徐福一行、おおよそ四千人にも及ぶ一大旅団は、その習俗や生活慣習、道徳観などまったく異なるものであった。

だから彼らの行動や言動は、時として原住の日本人からすれば禁忌を犯すものであったとしても当然だ。

ただ、太陽信仰を根幹に据えたヤマト朝廷は、原住者ではない。スサノヲとは経路こそ異なるが、やはり渡来である。スサノヲが海人族であるのに対して、アマテラス系の天孫族は農耕族である。ここに、禁忌のへだたりがあった。

スサノヲが犯した日本人の原罪

スサノヲは亡くなった母イザナミに会いたくて、黄泉の国へ行く許可を父イザナギからようやく得た。そこで、旅立つ前に、姉アマテラスに別れを告げるべく高天原へやってくる。

しかしその様子は荒々しく猛々しく、海も山も轟く有り様で、これを見てアマテラスは顔色を変えた。そして軍装に身を固め、

「おまえは、高天原を奪うためにやってきたのではないか」と厳しく問う。

これに対してスサノヲは、

「汚い心などありません。ただ姉上にお別れのご挨拶に来たばかりです。それなのにこのような対応をされるとは」と答える。

そこで二人は共に誓約《うけひ》をおこなっていずれが正しいかを占った。その結果、スサノヲが勝ち、高天原に入ることが許された。

しかしスサノヲは、誓約に勝ったことをいいことに、高天原において罪の限りを犯すこととなる。いわゆる「天津罪《あまつつみ》」である。『大祓詞《おおはらえことば》』の中に掲げられる罪科のことだ。個人的禁忌の「国津罪」とともに、これらが日本の社会的禁忌《タブー》の原型である。天津罪のほとんどが稲作・農耕に関わるものであることから、国家国民の生業としていかに重要視していたかがよくわかる。

そしてこれらすべての罪は、そもそもスサノヲが犯した罪として書かれている。つまりスサノヲは、農耕を妨害したということで、それゆえに原罪人となる。

これらの所業に怒ったアマテラスは天の岩戸の中に隠れてしまい、世の中は暗闇と化す。

なお、現在奏上されている大祓詞では、不適切な表現や語彙があるとして、天津罪・国津罪の具体的な罪名を省略している。

▼現行

「天津罪　国津罪　許許太久《ここだく》の罪出でむ」

▼原文

「天つ罪とは　畔放《あはなち》　溝埋《みぞう》め　樋放《ひはな》ち　頻蒔《しきま》き　串刺《くしざ》し　生剝《いきは》ぎ　逆剝《さかは》ぎ　屎戸《くそへ》

許々太久《ここだく》の罪を天つ罪とは法《の》り別《わ》けて

国つ罪とは　生膚断《いきはだだち》　死膚断《しにはだだち》　白人《しらひと》　古久美《こくみ》　己《おの》が母犯せる罪　己が子犯せる罪

母と子と犯せる罪　子と母と犯せる罪　家畜犯せる罪　昆虫《はうむし》の災《わざわい》　高つ神の災　高つ

鳥の災　畜仆《けものたお》し　蠱物《まじもの》せる罪　許々太久《ここだく》の罪出む」

『大祓詞』という祝詞は、神社神道において最も重要な根幹の祝詞である。

また、大祓詞を奏上する大祓は、六月の晦日と十二月の晦日にすべての神社で必ずおこなわれる、基軸祭祀である。つまり太陽信仰を基盤とする神社神道は、天津罪と国津罪を「祓う」ことに最大の精力をかたむけているということだ。――それはいったいいかなる罪か。以下に簡単に解説しておこう。

【天津罪】
畔放――畔を破壊して水田灌漑を阻害すること。
溝埋め、樋放《ひはな》ち――水田用水のための溝を埋め、水路を破壊して灌漑を妨害すること。
頻蒔き――すでに種の蒔かれた耕作地に重ねて蒔くことで作物の生産を阻害すること。
串刺《くしざ》し――他人の家畜に串を刺して殺すこと。あるいは他人の田畑に呪詛の串を埋めて傷害を謀ること。
生剝《いきは》ぎ、逆剝《さかは》ぎ――牛馬など家畜の皮を生きながら剝いで殺すこと。
屎戸《くそへ》――神事に際して神殿を糞尿などの汚物で汚すこと。

【国津罪】
生膚断《いきはだだち》――生きている人の皮膚に傷を付けること。傷害罪。
死膚断《しにはだだち》――死体を傷付けること。死体損壊罪。

白人《しらひと》――白皮症（＊いわゆる白子のこと。単なる色素欠乏症であるが、かつては無知ゆえに祟りとされた）。
古久美――背骨が湾曲し、背中が瘤状に盛り上がること。傴僂。
己《おの》が母犯せる罪　己が子犯せる罪――実母との相姦、実子との相姦。近親相姦。
母と子と犯せる罪　子と母と犯せる罪――性的交渉をもった女の娘とも、その後性的交渉をもつこと。また、性的交渉をもった女の母とも、その後性的交渉をもつこと。
家畜犯せる罪――獣姦のこと。『古事記』仲哀天皇記には「馬たわけ」、「牛たわけ」、「鶏たわけ」、「犬たわけ」とある。
昆虫《はうむし》の災《わざわい》――地面を這う昆虫＝毒蛇、ムカデ、サソリなどによる災難。
高つ神の災――落雷による災害。
高つ鳥の災――猛禽類による家屋損傷という説もあるが不明。
畜仆《けものたお》し　蠱物《まじもの》せる罪――家畜を殺し、その死体で他人を呪う蠱道《こどう》のこと。

これらの罪は、スサノヲが犯したから日本人の原罪になったわけでないのは言うまでもない。
もともとあった罪概念を、スサノヲが犯したとすることによって、いわば浮き彫りにしたものだ。つまり、太陽信仰によって成り立つヤマト朝廷は、これらの「天つ罪・国つ罪」をこそ恐れていたということである。逆説となって太陽信仰の禁忌が、ここに列挙されているのだ。それ以前の国にとっては、これらは明確に禁忌とはなっていなかったのかもしれない。

いずれにしても、これらの罪——とくに天つ罪——を犯した結果として、スサノヲには罰が与えられた。高天原追放という天罰である。

しかしちょっと待ってもらいたい。

スサノヲは「原罪」を犯したから追放されたのではなくて、その前にすでに〝勘当〟されているのだ。

母の国へ行きたいと言ったスサノヲに、父イザナギは激怒した。そして、追放したのだ。

追放されたスサノヲは、別れの挨拶をしようとアマテラスを訪ねたのだが、アマテラスからその真意を疑われる。そこで、いずれが正しいかを証明するために、アマテラスとスサノヲは「うけひ」をおこなうことになった。そしておこなったところ、スサノヲが勝ってしまった。勝ったから、彼はやりたいことをやった。それが天津罪に該当したというのである。

まるで、スサノヲに原罪を背負わせるために組み立てた〝罠〟のようではないか。アマテラスはそのために岩戸隠れすることになる。その結果、高天原の神々はすべてスサノヲの敵となった。太陽をさえぎる者は〝国家の敵〟なのだ。

スサノヲは「出雲神話」の主役である。ヤマタノオロチ退治から始まる一連の神話《ドラマ》は、スサノヲ→オオクニヌシのリレーで語られる。

しかし実は、「出雲神話」は『出雲国風土記』には収録されていないのだ。スサノヲの登場自体がわずかであって、しかもオオクニヌシとの血縁関係は一切記されていない。つまり「出雲神話」そのものが、〝出雲〟のあずかり知らぬことなのだ。

つまり「出雲神話」とは、ヤマト朝廷によって編纂されたもの（あるいは書き起こされたもの）であって、スサノヲに原罪を背負わせたのはヤマトの作為である。

出雲大社の祭神はオオクニヌシである。それは周知である。不思議なことにスサノヲは祀られていない。出雲の王はスサノヲなのに。

しかし出雲大社はスサノヲが祭神であるべきだと考えた者がかつてもいた。中世から十七世紀までの数百年間だけ、スサノヲが祭神だったことがあるのだ。その後、再びオオクニヌシに代えられているが。

この経緯も、スサノヲの「原罪」と無関係ではないだろう。一時的に祭神となったのも、またあらためて外されたのも、いずれもここに起因するものであるだろう。

スサノヲは、当初の目的である「黄泉の国訪問」を、結局おこなうことはなかった。

父イザナギに反抗して、追放される原因にまでなったというのに。〝創られた神話〟の中で、ついにスサノヲが黄泉の国へ行くことをしなかったのは、「太陽信仰の勝利」を謳うものなのだろうか。

イザナギがスサノヲに対して激怒し勘当したのは、亡母への恋慕に対してではないだろう。このような自然の情に対して罰を与えたのでは、何者の支持も得られない。イザナギが禁忌としたのは、スサノヲが行こうとしている「場所」に対してであろう。

それは何処か。イザナギに勘当されてもなおスサノヲが行きたがっていたのは、どこなのか。「黄泉の国」という呼称で括られ封印された「死の国」とは、どこなのだろう。イザナミはどこに眠っているのだろう。

桃の種で封じられた箸墓古墳

纒向遺跡から大量の桃の種が見つかったことは、NHKの特別番組でも放映されたので、ずいぶん話題になった。

曰く「卑弥呼の祭祀か」、曰く「邪馬台国発見！」等々、気の早い報道はいまだにあとを絶たない。典型的な記事を一部紹介しておこう。

「邪馬台ロマン、桃の謎　奈良・纒向遺跡から　『不老長寿の果物』　古代は珍重

奈良県桜井市の纒向《まきむく》遺跡から2千個以上の桃の種が見つかった。桃は古代、邪気払い

などの呪術に使われ、不老長寿をもたらす果物として珍重された。邪馬台国の女王・卑弥呼の宮殿の可能性が指摘される大型建物跡そばの穴から出土したため、研究者は、祭祀をつかさどった卑弥呼との関連に注目する。

桃は中国原産で、弥生時代に日本に伝わったとされる。現代の桃より小ぶりで、味も良くなかったらしい。今回、果実や皮が残ったものが約50個あったことから、桜井市教委の橋本輝彦係長は『食用ではなく、儀式や祭祀に使ったのでは』とみる。

千田稔・奈良県立図書情報館長は『道教の神仙思想が邪馬台国時代、日本にも普及していた』と指摘する。前期古墳から大量に出土した三角縁神獣鏡《さんかくぶちしんじゅうきょう》に神や仙人、霊獣などが描かれているためだ。

千田館長は、道教では不老長寿の桃を管理していたのが『西王母《さいおうぼ》』と呼ばれた仙女だったことに着目。『纏向遺跡が邪馬台国だったとしたら、卑弥呼が桃を使った儀式をしたのでは。数が多いのは、参列者がお供えとして持ってきたためだろう』と推測する。奈良県立橿原考古学研究所の菅谷文則所長は『不老長寿になるために卑弥呼が儀式で食べ、外にいた参列者にも食べさせたのでは』と考える。（以下略）」（『朝日新聞』二〇一〇年九月一八日、大阪朝刊）

二〇〇〇個以上もの桃の種が発見されたのは、間違いなくニュース・ヴァリューだろう。これまで、これほどに大量の桃の種は、どこからも発見発掘されたことはない。まぎれもない〝初物〟で、しかもそれが「桃」であるところに重要な意味があるのだ。

この記事にも書かれているように、大量に出土した桃の種は「祭祀に用いられた呪物」である。ただそれが、卑弥呼によって使われたものかどうかは別として。

桃の種については、すでに二〇〇一年の橿原考古学研究所の報告書『箸墓古墳周辺の調査』において報告されている。箸墓古墳の桃の種（桃核）は、炭素14年代測定の結果、四世紀中頃のものであろうと推定された。

今回の纏向遺跡の桃の種も同じエリアであるから、おそらくは同時代と思われ、また〝使用目的〟も同じであろうと思われる。

つまり、箸墓の種も「祭祀に用いられた呪物」であろう。被葬者が桃の種によって封じられていると考えるべきではないか。


ところで、日本神話において「桃」によって封じられたのは何者か、ご存じだろうか。イザナギが黄泉の国から逃げる際に投げたことはわりあい知られていて、投げた相手をたいていの人はイザナミと思っているようだが、それは正確ではない。

桃によってとどめられるのは、「黄泉の国の八くさの雷神《いかづちがみ》と千五百《ちいほ》の黄泉《よも》つ軍《いくさ》」（『古事記』）である。他にはいない。

『古事記』では、黄泉の国から逃げ帰るイザナギが、桃の実を三つ投げつけて追い返す。そして桃の子に詔する。「おまえは私を助けたように、葦原の中つ国の民たちが苦しんでいる時には助けよ」と。そして意富加牟豆美命《オホカムヅミノミコト》（『先代旧事本紀』では竟富迦牟都美命）という名を与えた。

『日本書紀』には、なぜかこのエピソードはない。

また『先代旧事本紀』では但し書きにて、「鬼を封じることの始め」としている。おとぎ話の『桃太郎』で、鬼退治を桃太郎にさせるのはこれに由来する。つまり、桃太郎の本名はオオカムヅミノミコトということになろうか。

この由来から考えるに、箸墓の被葬者は卑弥呼でもアマテラスでもなく、イザナミであろう。黄泉に封じて「よみがえる」ことがないよう、「桃」の呪力によってここに封印しているのだ。

むろん、封印と同時に鎮魂するために墓陵は巨大なものとなった。生前の存在の大きさが、祟りへの畏怖の大きさとなり、箸墓の規模に反映されたと考えるべきだろう。

そしてイザナミとは、本書ですでに指摘したように、「伊」なるものの根元に位置する者で、スサノヲが「会いに行く」と主張して追放（勘当）された対象である。イザナギが（あるいは高皇産霊尊が）強く諫め止めさせようとしたのは、イザナミが「鬼」だからである。桃は鬼（幽鬼）を封じるものだ。

箸墓は、三輪山とともに、「太陽の道《レイ・ライン》」の中心である。

イザナギより発する太陽信仰は、三輪山と箸墓という二つの陵墓を封印することによって成立した。だから、箸墓は、開けてはならない。開けるのは、太陽信仰＝天皇信仰が終わるときである。開ければ、イザナミという〝鬼〟が蘇る。イザナギがスサノヲを制止したのは、鬼の蘇生復活を恐れるゆえであろう。

そして纏向の桃の種も、何かを封じた証拠である。しかも二〇〇〇個という数は、ただごとではない。当時の日本で、これほど大量の桃（あるいは桃核）を用意するのは並大抵のことではないはずだ。それだけに、国家レベルの封印を目的としていたと考えられる。

それは何か。

纏向は、おそらく当時の宮都であった。その中心的な宗教施設において、桃の種二〇〇〇個を用いる祭祀がおこなわれた。おこなったのは、天皇（大王）に匹敵する最上位の祭祀者であり、祭祀の対象も最大最強の鬼神であったはずである。祟り為す神を慰霊鎮魂し、そして桃の種で封じたのではないだろうか。――それはきっと、箸墓の主か、三輪山の主のいずれかであったことだろう。

スサノヲがそうであるように、イタケル＝ニギハヤヒも、太陽信仰のアンチ・テーゼ（反対命題、反定立）であったのだ。熊野が「死の国」であるというのも同じ関係性に発している。

三輪山で長髄彦を取り込み、布留山でニギハヤヒを取り込んで、ヤマトは完成した。ヤマトの祭祀基盤は、鎮魂による祟り鎮めである。

そしてその祭祀は、太陽信仰とともにこの国の隅々にまで波及して行った。古き神々を信仰していた者の多くは太陽信仰へとパラダイム変換し、古き神々は封印されたのだ。日神は天照大神となり、月神は月読神となり、山神は大山祇神、海神は綿津見神、等々になった。自然のままに偏在していた古き神々は、ヤマトによって「名」を与えられたのだ。——これより、天皇を中心とする新たな統一国家による新たな歴史の開闢である。

増補最終章　ニギハヤヒとタケミナカタ　祖神と本宗家のゆくえ

石上神宮の祭神の秘密

本書初版『ニギハヤヒ』を上梓したのは二〇一一年であるが、その翌年、拙著『三種《さんしゅ》の神器《じんぎ》――〈玉・鏡・剣〉が示す天皇の起源』を上梓した。

その際、宝剣の真相を解き明かす鍵となったのが韴 霊 剣《ふつのみたまのつるぎ》である。

すでに述べたように、石上神宮は布都御魂大神《ふつのみたまのおおかみ》を主祭神とし、布留御魂大神《ふるのみたまのおおかみ》を配祀している（副祭神として祀っている）。

▼石上神宮《いそのかみじんぐう》　奈良県天理市布留町384
【祭神】布都御魂大神《ふつのみたまのおおかみ》（配祀）布留御魂大神《ふるのみたまのおおかみ》　布都斯魂大神《ふつしみたまのおおかみ》　宇麻志麻治命　五十《い》瓊《に》敷命《しきのみこと》　白河天皇　市川臣命《いちかわのおみのみこと》

ご覧のように「フツ」が主で「フル」が副である。

しかし当社は、古くは「布留社」と呼ばれていて、「布都社」ではなかったのだ。

この事実はいったい何を意味しているのだろう。

韴霊剣は、明治七（一八七四）年、当時の大宮司であった菅政友《かんまさとも》によって掘り出され、本殿に御神体としてあらためて奉安された。

菅政友が発掘した埋納場所は「布留山《ふるやま》の麓の禁足地」であった。神宮の東にそびえる布留山は、神宮の神体山すなわち神奈備である。その麓に韴霊剣（布都御魂大神）が埋納されていたのはなにゆえか。

もうおわかりと思うが、これは「封印」であろう。

祟り神イタケル、すなわちニギハヤヒを布留山に封じたのだ。

そして当社は、その祟り神を鎮魂するために設けられたものであるだろう。それゆえ、元々当初は社殿もないままに、布留山をひたすら拝するものであった。

そしてはるか後に拝殿のみが設けられるが、信仰の本質は依然として変わらない。

変わったのは、発掘の後、発掘した神宝を奉安するために拝殿の奥に本殿を設けてからである。それは大正二（一九一三）年に完成した。すなわち、つい最近のことなのである。

したがって、現在の石上神宮の祭祀は、布留山を御神体とするものでありながら、その手前の山麓に設けた本殿において韴霊剣すなわち布都御魂大神を祀るという重層構造になっている。神体山の布留御魂大神を祀る古い信仰と、本殿の布都御魂大神を祀る新しい信仰が併存しているのだ。

さしずめ、「古き祭神」と「新しき祭神」の二つの主祭神と言えるだろうか。

ちなみに菅政友大宮司による発掘の時、小宮司であったのが、後に文人画家として有名になる富岡鉄斎《とみおかてっさい》である。まだ三十代であったが、すでに万巻の書を読み、古今の学問に造詣深く、さらに書画をよくした。そして彼は、境内の榊の木を用いて、韴霊剣の木製の写しを製作している。さしずめ「鉄斎の木彫」ということになる。美術工芸的価値もあるので、ぜひ展示していただきたいものだ。

諏訪祭祀家の氏神「洩矢神」の秘密

ニギハヤヒの鎮魂は前述の通りで、物部氏の本宗家から石上《いそのかみ》氏を出し、石上神宮の祀職となり、祖神を祀った。

それでは肝心の物部本宗家はどうなったかというと、物部守屋《もののべのもりや》（石上贄子の兄）が本宗家となったが、丁未《ていび》の乱（物部守屋の乱／五八七年）で討ち死にしたと伝えられる。この戦いによって、本宗家は蘇我氏に滅ぼされた。——そしてこれについては、さらに二年後の二〇一四年に上梓した拙著『諏訪の神——封印された縄文の血祭り』において追究する機会があった。

諏訪大社上社の祀職であった神長官・守矢《もりや》氏の氏神は、その系図に「始祖・洩矢神」

と明示されている。

「洩矢神」は、一般に「モレヤのかみ」と読まれているようだが、当然ながらこれは「モリヤのかみ」が正しい。

しかしなぜ、始祖が守矢神でなく洩矢神と表記するのか、この点にも謎がある。あるいは始祖「モリヤ」は、「洩れた矢」に特別の謂《い》われか拘《こだわ》りがあるのだろうか。こういう際の選字は、えてしてその〝死因〟に関わることがあるもので、「モリヤ神」の正体を見極める中で手掛かりが見出されるのかもしれない。

ところで守屋山山麓には、守屋社（通称・物部守屋神社）が鎮座しており、山頂にはその奥宮がある。かつて賑わっていたかはいざ知らず、少なくとも現在は訪ねる人も稀な様子だ。

▼守屋社　長野県伊那市高遠町藤沢片倉

【祭神】物部守屋大連《もののべのもりやのおおむらじ》

奥宮には氏子によって常に小さな弓が供えられているが、山麓の里宮（本社）の依り代が「弓」であったことに由来するようだ。伝承では、祭神・物部守屋の弓が納められていたようだが、今は失われている。代わりに細長い石が置かれているが、最近のものだ。諏訪のミシャグジは〝石棒〟であるとされているので、それを承知で誰かがこれを選んだものだろう。守屋山が岩山であるので、守屋社も依り代を石棒とすれば、信仰上の整合は図れる。本来の由来がどうであれ、現在の氏子の意向が反映されているかのようだ。

さて、この守屋社と神長官・守矢氏とはいかなる関係にあるのか。全国の少なからぬ事例——氏族と氏神の関係性——を列挙するまでもなく、これは〝典型〟である。すなわち、神長官・守矢氏の氏神神社は守屋社であり、守屋社の祭神である物部守屋大連は氏祖である。したがって、洩矢神とは物部守屋大連のことである。

ただ、守矢家では、守屋社および物部守屋とのつながりは表立っては認めていない。それでも伝説伝承の類はいくつかあって、『信濃奇勝録』(天保五年／一八三四)には、物部守屋の一子が森山(守屋山)に隠れていたが、神長の養子となり、森山に父・守屋の霊を祀り、それ以後、守屋ヶ岳というようになった、とある。

また、大祝の「諏訪信重解状《げじょう》」(宝治三年／一二四九)には、「諏訪は物部大臣の所領であった」ともある。

本解状は、『諏方大明神画詞』より百年ほど前のものであり、「画詞」は本解状に基づいて創作されているので、「画詞」よりは資料価値ははるかに高い。大臣とあるのは誤記であろう。

物部守屋大連は生年不詳、五八七（用明天皇二）年七月没。丁未《ていび》の乱（物部守屋の乱）で戦死したとされる。

物部氏は、軍事と祭祀の最有力氏族であるから、権力に最も近い氏族であって、守屋はその氏上《うじのかみ》であった。五七二（敏達天皇元）年には、敏達天皇の即位に伴う詔勅によって大連に任じられ、名実共に権力のトップに立つ。

ところがその頃は、新たに移入された仏教が急速に興隆している時期でもあり、崇仏派のトップである蘇我馬子大臣《おおおみ》が勢力を伸ばしていた。仏教の導入と、その政治的な利用を図ったのが蘇我馬子であり、馬子は、みずから寺を建設し、身内の者を僧とすべく留学させてもいる。

これに反対する「排仏派」の代表が物部守屋大連であった。もうすぐ飛鳥時代になる古墳時代後期において、物部守屋大連と蘇我馬子大臣とは実力者の両巨頭であるが、それがそのまま排仏派（神祇派）と崇仏派であるのは、まさに時代を象徴している。

五八五（敏達天皇十四）年二月、蘇我馬子は詔勅を得て、大規模な法会をおこなった。ところがその頃から疫病が流行し、天皇までもが罹患し、多くの民が死ぬに至った。

同年三月、物部守屋は、同じ神祇氏族の中臣勝海とともに、疫病は蕃神信奉のためであると奏上し、仏法禁止の詔勅を得た。

「物部守屋はみずから寺におもむいて、胡床に陣取り、仏塔を倒させ、火を付けて焼き、仏像と仏殿をも焼いた。焼け残った仏像は、難波の堀江に棄てさせた。

この日は雲もなかったのに、風が吹いて雨が降った。大連は雨具をまとった。

馬子宿禰と、これに従う僧侶たちを罵倒して、人々に侮りの心を持たせるようにしむけた。

佐伯造《みやつこ》御室を遣わして、馬子宿禰が供養する善信尼らを呼ばせた。

馬子宿禰は、あえてその命に抗うことをせず、ひどく嘆き泣き叫びながら、尼らを呼び出し御室に託した。

役人は即座に尼らの法衣を奪い取り、捕縛し、海石榴市《つばいち》の馬屋舘につなぎ、尻や肩を鞭打つ刑に処した。」（『日本書紀』／口語訳は筆者）

『書紀』はこの事件に対応する動きをも詳細に伝えている。

五八七年七月、蘇我馬子大臣は、諸皇子と群臣たちとを召集して、物部守屋大連を滅ぼさんと謀った。穴穂部皇子を立てて皇位の簒奪を企てた罪であるという。

討伐軍は渋河の守屋の邸宅に至ったが、軍事に長けた物部軍は強かった。大連はみずから子弟と一族の兵を率いて、稲を積んだ砦（稲城《いなぎ》）を築いて戦った。——ちなみに「稲城」とは稲魂《いなだま》をもって守護とする古神道の呪術である。積み上げた稲に対して矢を打ち込むのは抵抗があるという心理作戦と、稲束はまさに魔除けの呪具でもあった。さらに守屋は、みずから榎の木股に登り、上から雨のように矢を射かけた。物部の軍は強く勢い盛んで、家に満ち野に溢れた。皇子らの軍兵は恐怖し、三度退却した。

「このとき廏戸皇子は、瓠《ひさご》形の結髪をして、軍の後に従っていたが、危機を感じて必勝の祈願をおこなった。白膠《ぬるで》木を切り取り、四天王の像を彫り、束髪の上にのせて誓いを立てた。敵に勝たせてくれたなら、必ず護世四王のため寺塔を建てよう、と。

蘇我馬子大臣もまた誓いを立てた。我を助け守って勝たせてくれるなら、諸天王と大神王のために、寺塔を建てて三宝を広めよう、と。

誓って後に討伐軍はあらためて軍備を整えて進撃した。

乱戦がひとしきり続く中で、迹見首赤檮《とみのおびといちい》が大連を木の股から射落とし、大連とその子息たちを殺した。

これによって大連の軍はたちまちのうちに崩れた。

兵たちは賤しい者の着る黒衣を着け、狩りをする様をよそおって逃げ散った。

大連の子と一族は、葦原に逃げ隠れたり、姓や名を変える者もあった。

また、逃げ失せて逃亡先も分からなかった。」(『日本書紀』/口語訳は筆者)

物部守屋は、『書紀』では「悪逆」として描かれている。その記述に従えば誅殺されて当然と誰もが思うことだろう。しかも「皇位を狙った」ゆえに誅殺されるのだ。いわば、悪逆にさらに悪逆を重ねて討たれるというわけだ。『書紀』の論理では正義は殺害者の側にある。

であるならば、罰した者を恨む筋合いはなく、すなわち怨霊にはならないはずである。彼らの霊威を誰も恐れないからだ。――ところが、彼は明白に「慰霊」「鎮魂」されているのだ。

物部守屋との戦いに際して、廏戸皇子は「祈願」をおこなった。すなわち、この戦いに勝たせてくれるなら、四天王を祀る寺を建立しよう、というものだ。その結果、約束通り六年後の五九三年（推古天皇元年）に、廏戸皇子によって伽藍が創建されることとなった。これが今に続く四天王寺である（戦乱の直後に守屋の屋敷跡地に簡素なお堂を建立し、これを元四天王寺としている）。

▼四天王寺　大阪府大阪市天王寺区四天王寺
【本尊】救世観世音菩薩

四天王寺は蘇我馬子の法興寺（飛鳥寺）と並び日本における本格的な仏教寺院としては最古のものである。聖徳太子建立七大寺の一つとされている。

この地は、荒陵《あらはか》という元の地名からも察せられるように、四天王寺が建立される前は古墳であった。――ちなみに、ほぼすべての寺院は、それ以前に神社か古墳のあった場所を奪って建立されていると私は考えているのだが、本書のテーマから逸脱するのでここでは詳しくは述べない。――四天王寺の庭園の石橋に古墳の石棺が利用されていることはその証しである。

四天王寺は、物部守屋との戦いに勝利することができた、その加護の返礼に建立したというのがいわば「公式発表」である。しかし実態は、物部守屋の怨霊を慰霊鎮魂するために建立されたものである。四天王寺西門にはその巨大な「証左」がそびえ立っている。四天王寺の象徴ともいうべき「石の鳥居」である。

そしてその事実・真相を廏戸皇子は当然の事ながら承知していたはずである。承知していたからこそ、その菩提を弔わずにはいられなかったのだ。

四天王寺は物部守屋を鎮魂するために創建されたものであるにもかかわらず、いつのまにか聖徳太子（廏戸皇子）を信仰するための拠点になり、守屋祠は境内末社のような処遇になってしまった。それでも守屋の従僕の子孫が寺人となって一千数百年もの永きにわたって連綿と守ってきたのは実に奇跡のようだ。

なお、物部とは、文字通り「物」の「部」であって、職掌がそのまま氏の名になったものだ。

そして「もの」には二つの意味があった。

一つは「武器・軍人」の意。「モノノフ」である。もともと鍛冶・鍛鉄を支配する一族であったところから、金属製の武器・武具を造ることで軍事氏族として頭角を現した。

もう一つは、「モノ」とは「神」の意であるところから、神祇祭祀を司る一族でもあった。

すなわち、物部の本質が軍事と祭祀の両方にあったということで、政治的にも力のあった守屋が氏上《うじのかみ》として物部氏を代表していたことは間違いない。守屋の死後、朝廷で物部氏が政治の中枢になることはなかったこともそれを証している。

ただ、主流であった軍事部門を職掌とする守屋が滅びて後も、祭祀部門を職掌とする物部石上氏は依然として朝廷祭祀の担い手として継続した。その拠点が石上神宮である。

ただ、物部石上も、平城京への遷都がおこなわれる際に置き去りにされて、それ以後の国家祭祀は中臣氏に取って代わられることになる。そしてその後は、石上神宮を守る「一地方の祭祀家」として細々と続くことになる。あの時、守屋が「皇位簒奪のクーデター」など企てていなければ、と子々孫々うらめしく思っても無理もないほどの凋落ぶりである。

しかし、物部守屋は本当に罪人であったのだろうか。

物部氏そして守屋を祀る神社を概観して、守屋が怨霊神としてとらえられていたことがわかった。怨みの残る死であったから、必ずや怨霊になっていると当時の人は考えた。そして慰霊鎮魂のために守屋社その他は建立された。――これは、「皇位簒奪のクーデター首謀者」という罪名が濡れ衣であったことの証しである。冤罪であったからこそ怨霊となるのであって、その慰霊鎮魂のためにいくつもの寺や神社を関連地に建立しなければならないほど、〝殺害者たち〟はその祟りを恐れていたのだ。国家レベルでの罪人は、神社に祀られることはなく、神となることもないからだ。

『書紀』の記述では「詔《みことのり》」が発せられて「討伐」されたことになっている。

そもそも詔は、大王《おおきみ》（天皇）が発する命令（書）のことである。用明天皇亡き後、誰がその詔を発したのか。崇峻天皇がすでに即位していたのであれば、まさに崇峻帝が発したもので、物部守屋は崇峻帝に対する反逆者であり、その皇位を簒奪しようとする大罪人である。

しかし実は、崇峻帝がこの時点で即位していたかどうかきわめて疑わしい。空位のまま、敏達天皇の皇后であった炊屋姫《かしきや》が馬子とともに実質的な権力を統括していたと思われる。『書紀』を子細に読み込むと、この時の詔は炊屋姫皇后が発して馬子が臣下に伝えたと読み取ることができる。――祟り為す怨霊はこうして生まれたのだ。

諏訪大社の主祭神・建御名方神《たけみなかた》は、出雲で建御雷神《たけみかづち》と闘って敗れ、「科野国の州羽の海」まで逃げて、この地から出ないから殺さないでくれと懇願して許されたと『古事記』に記されている。

しかし実は『日本書紀』にも『出雲国風土記』にも、建御名方神は登場しない。『古事記』にのみ記されて、他の二書にはまったく影も形もないのだ。これは何を意味するのか。

『日本書紀』はヤマト朝廷の正史である。――ということは、建御名方神は朝廷の轄外の異端の神であったのではないか。

また、『出雲国風土記』は、出雲自らが選録した公式文書である。――ということは、建御名方神は出雲とは無縁の神であったのではないだろうか。

つまり建御名方神は、中央のヤマト朝廷とも、前政権の出雲とも無縁の異端の神ということになる。そして『古事記』のみは、その異端の神を採り上げるために〝敗残の神話〟を創作した。

『古事記』は七一二年、『日本書紀』は七二〇年、『出雲国風土記』は七三三年に成立。成立年でわかるように、『書紀』も『風土記』も、『古事記』の内容を知っていたはずである。にもかかわらず、建御名方神についての神話を無視している。

しかし、内容を修正するか変更するというのならまだしも、完全に無視するということがあり得るだろうか。『古事記』を閲覧した者がどこにどれだけ存在するかわからない状態で、『古事記』神話の一部を勝手に削除するというのは相当な冒険である。自らの「史書」としての信頼性が問われかねない重大な行為である。しかも、『日本書紀』

の編纂者と、『出雲国風土記』の編纂者が一致団結して〝無視〟しなければこういう結果にはならない。つまり、そういうことはあり得ないということになる。あり得る経緯は何か。

『古事記』に建御名方神の一連のエピソードのみを、後から加筆するというのであれば可能であろう。その加筆は、七三三年より後に、である。そうであれば、『日本書紀』にも『出雲国風土記』にも建御名方神話がまったく出てこないのは当然のこととなる。なにしろ、まだ書かれていなかったのだから。ないものは、書けない。

この仮説に立てば、少なくとも七三三年までは建御名方神はいなかった。その後、誕生した（創られた）ということになる。

むろんこれは言葉の綾で、建御名方という名が創られたということである。その名を体現する実体は、むろんすでにあった。硯石のミシャグジ社の傍らに埋葬された人物がそれである。神体山・神奈備が「守屋山」と呼ばれるようになるのは、これ以後であろう。

その人物の名、「物部守屋」は秘されて、口にすることは憚《はばか》れた。中央政府への配慮もあったことだろう。しかしやがて「建き御名の方」と一種の尊称・代名詞で人々の口に上るようになる（現在地元では「建御名方神」さえも口にはせず、ただ「明神さま」

とのみ呼んでいる)。五八七年に非業の死を遂げて怨霊神となり、敗走する物部一族によってこの地に霊位をもたらされた。すなわちこれが「建御名方神の諏訪入り」である。

ところで、守屋大連最後の場面を思い出していただきたい。守屋が樹上から矢を射かけると形勢は圧倒的に有利となっていたが、「迹見首赤檮《とみのおびといちい》という者が大連を木の股から射落とし、大連とその子息たちを殺した。これによって大連の軍はたちまちのうちに崩れた。」とのことであった。すなわち、たった一本の矢によって守屋は死に、形勢は一気に逆転したのだ。――実際の戦闘シーンでは互いに雨の如く矢を射かけていたはずで、その中のたった一本がたまたま当たったということであるだろう。あたかも「洩れた矢」のような一本が。もしかすると、これが「洩矢神」の名の由来であるかもしれないとは私の空想であるが。

敗走する物部の一族は各地に散った。諏訪とは別に、伊那に入った者たちもいた。彼らはこの地域の霊山の山麓に守屋社を祀った。この霊山が守屋山と呼ばれるようになったのはそれ以来である。霊山を守屋山と呼ぶことに本宮の同族との合意もあったであろう。

霊山は、それ以前は別の名であったろう。その名は今ではわからないが、奥宮石祠が造られる前には、山頂には磐座のみが鎮座し、諏訪の大地の文字通り「鎮め」となっていたのであるから、それにちなんだ呼び名が付けられていたことだろう。

　また、そこに依り坐す神、降臨する神こそは「ミシャグジ」であるから、その意を体する呼び名であったかもしれない。あるいは単に「御山《みやま》」「神山《みやま》」と呼ばれていた可能性もあるだろう。古くからの山岳信仰にしばしば見かける呼び方だ。


　なお、神社ではないが、長野県を代表する寺院の善光寺も物部守屋に由縁の伝承がある。本堂は一〇八本の柱によって支えられているのだが、すべて円柱の中で唯一大黒柱のみが角柱で、これは別名「守屋柱」と呼ばれている。柱の下には物部守屋の首が埋設されていると伝えられる。

　また、善光寺の本尊は、そもそも物部守屋が蘇我馬子の寺を破壊して、仏像を難波の堀江に棄てたものを本田善光なる者が拾い上げて持ち帰ったのに始まると伝えられる。

――ただ、善光寺は十一回も全焼しているので、どこまで信憑性を求められるか判然しないが、少なくとも長野という地域が物部守屋と何らかの関わりを持っていたであろうことは示唆してくれる。


物部氏の祖霊はニギハヤヒという神名を与えられて石上《いそのかみ》に鎮魂された。

本宗家の神霊は、建御名方神という神名を与えられて諏訪《すわ》に鎮魂された。

祖神を祀るのが石上神宮で、本宗家を祀るのが諏訪大社本宮である。物部氏はモノノフとしては滅びたが、いずれも祭祀者として生き延びた。

初版あとがき――スサノヲの処遇を決めたヤマトの意志

これまでに熊野は何度か訪ねているが、そのうち一度だけは、熊野から十津川、吉野を抜けて、飛鳥、奈良へと北上する「神武の道」を辿るものであった。

といっても歩いたのはわずかばかりで、全行程のほとんどは四輪駆動車での移動であったので、お恥ずかしいかぎりである。それぞれ個別にはけっこう歩いているのだが、一度通しで辿ってみたいと考えていたので、この時ばかりは現代の〝利器〟に全面的に頼ったものだ。

そんな言い訳はあってもなくてもいいようなものだが、〝利器〟のおかげで、道中の風景を大いに楽しませてもらうことになった。

十津川の渓谷は徒歩で調査した時はただただしんどいばかりであったが、身体の負担から解放された眼で眺めると、思わず感嘆の声が上がるほどの絶景である。

吉野は、桜は時季外れであったが、底深い緑の大波は古代そのままの吉野を彷彿させた。

しかし神武の時代には、整備された道はまったくなかったろうから、こんな悠長なことは言っていられなかったに違いない。このルートそのものは古代から通り道ではあったはずだが、おそらくは杣道《そまみち》ばかりで、人ひとり通るのがやっとか、あるいはそれさえも繁茂する草に覆われて、地元の猟師でもなければまずわからないものだろう。八咫烏の案内でもなければ紀伊の深山は踏み迷うばかりに違いない。

ましてや神武一行は、大軍である。往くも停まるも容易ではない。水や食料の調達も必要だろうし、先頭から殿《しんがり》まで声も届かないほどの距離になったことだろう。ただひたすらに原生林の続く二千年前の紀伊山中は、暮れれば物の怪の跋扈する闇と化す。そこを無事に通過して、なおかつ勝利しての進軍となるのだから、八咫烏の役割は特別だ。

そして神武は艱難の行軍の果てに、豊饒の地「ヤマト」を我がものとした。征服したのか禅譲されたのか、それは本書で述べた通りだ。

神武一行の苦労を偲びつつ、私と同行者は二千年後の整備された道路を四駆で走り通してヤマトへ出た。彼らとは比較すべくもない楽な旅だが、それでも丸一日かけて、ようやく桜井の大神神社の前に出た時には、けっこう達成感があったほどに疲れていた。

（＊台風による豪雨が熊野・十津川を襲ったのは、本書の原稿を書き上げて初校ゲラを待っている時であった。ニュース映像で見る無残に変貌した風景はなんともやるせないが、なによりもそこに暮らす人たちの辛苦の程が偲ばれる。いつか私もそこで暮らしたいと願う気持ちに変わりはないが、自然との共生共存にはあらためて覚悟を求められるのかもしれない。）

さて、拙著『ツクヨミ』から始まった神々の血脈をさぐる旅は、前著『ヒルコ』を経て、ようやく本書で一区切りとなった。

ニギハヤヒは「神」であるが、バトンタッチされた神武は「人」である。

つまり、本書にて「神話」は終了し、これ以降は「歴史」となるのだ。

そのフィナーレを飾るニギハヤヒは、巨大な祟り神であると本文で述べた。さしずめこの長い旅は、「祟り神」の源流を遡上する旅であった。この国の民俗信仰を突き詰めて行くと、「祟り」と「恵み」とが表裏一体になった神々の姿が見えてくる。

なかでも祟り神の巨人・スサノヲ――ニギハヤヒとスサノヲの関係は本文に書いた通りであって、ここでは繰り返さない――は、いわゆる「出雲神話」の主役である。ヤマタノオロチ退治は、日本神話全編を通じて最大のクライマックスと言っても良いだろう。

ところが、その神話の位置付けには基本的な問題が存在している。

『出雲国風土記』は、出雲地方についての最も古い記録であって、歴史的にも貴重な文献だが、ここには、いわゆる「出雲神話」は収録されていないのだ。出雲の手による、出雲自身の最も古い記録――なのに、そこに「出雲神話」はほとんど見ることができない。

ということは、「出雲神話」は、出雲地方とは無関係の神話ということになりはしないか。少なくとも、出雲は「出雲神話」を認めていない。

それでは出雲神話は、ヤマトが独自に創った神話なのだろうか。そうでもなければ『出雲国風土記』に収録されていないことの説明がつかないのではないか。出雲のあずかり知らぬところで、ヤマタノオロチは誕生したということか。

しかしヤマタノオロチこそは元々の出雲の主であって、スサノヲに平定の役割を与えたのは、天孫の手を汚さずにそれを成し遂げたかったからに他ならない。スサノヲが渡来の神であることへの、これがヤマト政権の意思表示であるだろう。

したがって、ヤマタノオロチを巡る「出雲神話」は架空の創作ではないだろう。ヤマタノオロチという怪物に何を体現させたかは別として。

「出雲神話」の「出雲」という言葉に私たちは幻惑されているのではないか。現に『出雲国風土記』に収載されていない神話であるならば、他の神話である可能性を考えなければならない。「出雲神話」とは、もしかすると「熊野神話」であったのではないか。

――本書を書き上げた今、新たにそんな空想も湧いている。

なお、本論の副産物なのだが、本書で土偶の真相にもふれた。この真相は、今後さらに深めることによって、かねてよりのテーマである「縄文の神と弥生の神の融合」論への入口にしたいと考えている。

ちなみに、古社は、すべてが縄文の神に、弥生の神が重ね合わされている。現在私たちはその「融合」せる姿を眼にしているのだ。

すなわち、縄文と弥生の間には〝断絶〟があるのではなく、〝継承〟あるいは〝連続〟がある。いずれその実相を明らかにしたい。

末尾になったが、いつもながら河出書房新社編集部の西口徹氏にはたいへんお世話になった。そのほか様々にお世話になった方々とともに、ここに謹んで謝意を表する。

平成二十三年葉月　　戸矢 学

増補新版あとがき

本書初版の「あとがき」の末尾で、

「縄文と弥生の間には〝断絶〟があるのではなく、〝継承〟あるいは〝連続〟がある。いずれその実相を明らかにしたい。」

と予告した。

ようやくその準備が整ったので、今、執筆に入っている。脱稿まではまだ数カ月かかるかと思うが、書籍が世に出るまでには、その後に編集や組み版、装幀など、更に様々な段階を経てのことなので、春から初夏くらいにはご高覧に供することができるかと思う。ご期待あれ。

平成二十七年霜月　著　者

文庫版あとがき——来訪する神々

新年早々に『ニギハヤヒ』文庫化の朗報に接して感慨ひとしおであった。本書の最初の版を上梓してから今年で九年になるが、『ツクヨミ』『ヒルコ』『ニギハヤヒ』の「謎の神、三部作」として構想した、その完結篇であった。

それまでにない斬新な解釈で書き下ろす「三部作」は、いずれも様々な反響をもたらしたが、とりわけ『ニギハヤヒ』の発想は既存の神話学でも歴史学でもアプローチ不能の視点からのものであって、〝知の巨人〟と称えられる大先輩からの評価も得て、その後のさらなる取り組みに一層力を得た。

本書の発想のそもそもの原点は、まえがきでも触れているように『先代旧事本紀《せんだいくじほんぎ》』（『旧事紀《くじき》』）の記述にある。著者不詳であるが、内容からおそらくは物部氏の関係者であろうと推測されている。

本書は長く偽書扱いされてきたが、序文が混乱のもとであって、序文のみが後世の偽作であるとは近年の再評価である。

序文には推古二十八（六二〇）年に推古天皇の命により、聖徳太子と蘇我馬子が二年かけて完成させたとあるが、その後の記録によって十世紀初頭にはまだこの序文のなかったことが確認できる。

さらに序文には、あきらかに稚拙な表現等が散見され、本文との文章表現や構成等に落差が見られる。

しかし『令集解《りようのしゆうげ》』（八六八年頃成立）に『先代旧事本紀』本文からの引用があるところから、本書本文の成立は少なくとも八六八年以前である。そして序文の創作は「古代末期か中世初期」（鎌田純一）とされる。すなわち、序文を除けば、本書は偽書ではないということである。

本文の重要性、なかでも巻十の「国造本紀《こくそうほんぎ》」については本書第三章で述べた通りであるが、そこに録された「ニギハヤヒ供奉衆」こそはわが国建国時の幹部たちであって、彼らはすなわちニギハヤヒに従って渡来した者たちである。

そもそも日本神話には「渡来する神」「来訪する神」が少なからず登場する。

日本列島は、かつてユーラシア大陸と地続きの一体であったが、二三〇〇万年前から五三〇万年前くらいにかけて大陸と分離して、その狭間に日本海が形成された。そうして孤立した島国となってから、すでに気の遠くなるような年月が経っている。それがこの国の文明文化の成り立ちの基本となっていることは言うまでもない。

ということは、この国の文化というものの概念を再確認するならば、せいぜい数千年遡るものであって、国土がすでに五〇〇万年以上も以前に孤立しているのであるから、文化的成り立ちはその後のものであることは論を俟たない。

文明や文化の伝播がいかなる経路、またいかなる時間経過によるものであるのかは様様であるが、なかでも「神々」の出現に渡来や来訪が前提となっているのは日本および日本人の成り立ちについて大きな示唆であるだろう。ユネスコの無形文化遺産に登録されてあらためて広く認識されるようになった一〇件の来訪神行事（祭り）は、ほとんどが「鬼神の来訪」で、外の別世界から来訪するものは鬼であり神であるとしている。しかもこの種の祭りは日本全国に他にも無数にある。

外の世界が集落の外なのか国土の外なのか必ずしも判然しないが、その事実が示すように、この国では古来、神々は外の世界からやってくるのだ。そしてその神々の仕業こそが日本文化の基礎である。

たとえばスクナヒコナ神は、天乃羅摩船《あめのかがみのふね》に乗って波の彼方の常世《とこよ》の国より来訪した。そして医薬や酒造をはじめとする知恵や技術をもたらした。

スサノヲ神は、息子のイソタケル神と共に土で造った舟で波の彼方から渡来し、檜や杉など多くの樹木の種子をもたらした。

地球上のいずこの土地も、どこかの影響を受けずにはいられないし、また影響を与えずにはいられないものだが、それは国や民族の源流を示唆する「神話」においても例外ではない。

したがって、日本列島の場合には、何かがもたらされるとすれば、それは外の世界からであって、日本神話に「渡来神」や「来訪神」が登場するのは、まことに正直で率直な記録といえるだろう。

もし神話というものが、あくまで創作であるとするなら、なにも「外来」を設定する必要はまったくなくて、独自性を強調するにはむしろ逆であるだろう。どこかの国のように、突然「卵から誕生」したと録せばよい。もし根源の神が外来であるとするならば、国や民族の発祥そのものも外来ということになって、その地に独自のものではなくなるとの不安が生じるだろう。

しかしわが国は、来訪神と土着神が共にあって、しかもなお独自性も獲得している。これはおそらくいずこからの来訪なのか、またいつからの土着なのかというところまで探求しなければ答えは出ないだろう。

本書のテーマであるニギハヤヒ神はまぎれもない渡来神・来訪神であるが、その出現は山からでもなく波の彼方からでもなく、天磐船《あまのいわふね》に乗って飛翔して天空より出現したという特別な伝承をともなっている。これが何を意味するのかが、そもそも本書の出発点であった。他に類例がないので、本書で提示した解釈は今なお鮮度を保っていると改め

て確認した次第である。文庫版での新たな読者のかたがたに、またこの機会に再読されるかたがたに、乞う、ご高評。拝

なお、「増補新版あとがき」で予告した「縄文と弥生の継承・連続」というテーマは、後に『縄文の神——よみがえる精霊信仰』にまとめた（河出書房新社、二〇一六年九月刊）。

令和二年元日　　戸矢　学

■参考資料（順不同）

『先代旧事本紀』國史大系　吉川弘文館　二〇〇二年
『鼇頭旧事紀』度会延佳校正　延宝六年　著者所蔵
『日本書紀』國史大系　前編・後編　吉川弘文館　一九九三年
『日本書紀私記』國史大系　吉川弘文館　二〇〇三年
『古事記』國史大系　吉川弘文館　二〇〇二年
『古事記　先代舊事本紀　神道五部書』國史大系　吉川弘文館　二〇〇二年
『延喜式』國史大系　前編　吉川弘文館　一九八一年
『和漢三才図会』寺島良安編　一七一二年
『史記・天官書』司馬遷　前九七年（『史記2書・表』小竹文夫・小竹武夫訳）ちくま学芸文庫　二〇〇九年
『五行大義』中村璋八　明徳出版社　二〇〇四年
『八幡御因位縁起』（『宮寺縁事抄』／『大日本古文書　家わけ第四　石清水文書五』）
『八幡大菩薩御因位本縁起』（『宮寺縁事抄』第三／『神道大系　神社編七　石清水』）
『群書解題　第一中　神祇部中』続群書類従完成会　一九六二年
『八幡愚童訓』（日本思想大系『寺社縁起』所収）岩波書店　一九七五年
『八幡信仰史の研究（上・下）』中野幡能　吉川弘文館　一九七五年
『先代旧事本紀の研究〈上巻〉校本の部』鎌田純一・著、國學院大學日本文化研究所・編集　吉川弘文館　一九六〇年
『先代旧事本紀の研究〈下巻〉研究の部』鎌田純一・著、國學院大學日本文化研究所・編集　吉川弘文館　一九六二年
『東アジア民族史1　正史東夷伝』井上秀雄・他　訳注　東洋文庫二六四　平凡社　一九七四年
『日本の神々「先代旧事本紀」の復権』上田正昭・鎌田純一　大和書房　二〇〇四年
『古代物部氏と「先代旧事本紀」の謎』安本美典　勉誠出版　二〇〇三年

「特集・歴史検証『先代旧事本紀』神代から天孫へ」『歴史読本』二〇〇八年十一月号
「総力特集『先代旧事本紀』と古代物部氏の謎」『季刊邪馬台国』梓書院　二〇〇一年
『新撰姓氏録の研究　本文篇』佐伯有清　吉川弘文館　一九六二年
『神々の系図（正・続）』川口謙二　東京美術　一九九一年
『出雲国風土記』沖森卓也・矢嶋泉・佐藤信　山川出版社　二〇〇五年
『新校萬葉集』沢瀉久孝・佐伯梅友　創元社　一九七七年
『折口信夫全集』第二巻　古代研究（民俗学篇1）中央公論社　一九八二年
『古代研究Ⅰ　祭りの発生』折口信夫　中央公論新社　二〇〇二年
『古代研究Ⅱ　祝詞の発生』折口信夫　中央公論新社　二〇〇三年
『別冊太陽　熊野　異界への旅』平凡社　二〇〇二年
『熊野大社』篠原四郎　學生社　一九六九年
『熊野詣　三山信仰と文化』五来重　講談社　二〇〇四年
『世界遺産　神々の眠る「熊野」を歩く』植島啓司・鈴木理策　集英社　二〇〇九年
「平安末期から中世初期の熊野三山の規模について」佐藤正彦『日本建築学会論文報告集』第236号　一九七五年
『國學院大學所蔵の牛玉宝印』國學院大學神道資料館　二〇〇四年
『伊勢・熊野路を歩く――癒しと御利益の聖地巡り』森本剛史・山野肆朗　ウェッジ出版　二〇〇八年
『陰陽五行と日本の天皇』吉野裕子　人文書院　二〇〇四年
『定本　柳田國男集　第十一巻』筑摩書房　一九八一年
『白鳥伝説　上・下』谷川健一　集英社　一九八八年
「降臨伝承の再検討」上田正昭　『日本政治社会史研究　上』塙書房　一九八四年
『上田正昭著作集　古代国家と東アジア　第二巻』角川書店　一九九八年
「第一次天孫降臨とニギハヤヒノ命の東征」田中卓　『社會問題研究』一九五七年

「もうひとつの降臨神話　ニギハヤヒと物部氏」谷川健一『ユリイカ』特集・日本の神話　青土社　一九八五年一月号
『新版　再現！巨大隕石衝突――6500万年前の謎を解く』（岩波科学ライブラリー）松井孝典　岩波書店　二〇〇九年
『丹生都比売神社史』丹生都比売神社史編纂委員会　丹生都比賣神社　二〇〇九年
『銅鐸の考古学』佐原真　東京大学出版会　二〇〇二年
『対論　銅鐸』森浩一・石野博信　學生社　一九九四年
『祭りのカネ銅鐸』佐原真　歴史発掘8　講談社　一九九六年
『倭国』岡田英弘　中公新書　二〇〇八年
『世界神話事典』大林太良・他編　角川書店　一九九四年
『「道教」の大事典』坂出祥伸編　新人物往来社　一九九四年
『神々の原影』西田長男・三橋健　平河出版社　一九八三年
『海の夫人』谷川健一　河出書房新社　一九八九年
『名草戸畔　古代紀国の女王伝説』なかひらまい　STUDIO M·O·G·　二〇一〇年
『氏神事典　あなたの神さま・あなたの神社』戸矢学　河出書房新社　二〇〇九年
『日本風水』戸矢学　木戸出版　二〇〇五年
『日本古語大辞典』松岡静雄　刀江書院　一九六三年
『日本神名辞典』神社新報社　一九九四年
『姓氏家系大辞典』太田亮　角川書店　一九六三年
『日本名字家系大事典』森岡浩　東京堂出版　二〇〇二年
『天翔るシンボルたち　幻想動物の文化誌』張競　農山漁村文化協会　二〇〇二年
『中国シンボル・イメージ図典』王敏・梅本重一　東京堂出版　二〇〇三年
各神社由緒書

『平成祭データ』（CD—ROM）神社本庁　平成七年版　同検索プログラム Saiwin Version1.04 Created by Yanase.For Windows by Matsuoka.　Copyright©2002

『玄松子の記憶』http://www.genbu.net/

『神奈備にようこそ！』http://kamnavi.jp/　瀬藤禎祥@神奈備

「戸畔」考『[歴史館] 日本古代史とアイヌ語』http://www.dai3gen.net/index_j.html

その他、多くの図書資料、映像資料等を参考としています。各々の著者・編集者に謝意を表します。

なお、本文中に引用されている記・紀をはじめとする古文献の書き下し文および訳文は、とくに但し書きのない限りすべて著者自身によるものです。

＊本書は二〇一六年二月小社刊『ニギハヤヒ──『先代旧事本紀』から探る物部氏の祖神』増補新版を文庫化したものです。
（初刊本は二〇一一年一二月刊です。）

ニギハヤヒと『先代旧事本紀《せんだいくじほんぎ》』
物部氏《もののべし》の祖神《そしん》

二〇二〇年 三 月一〇日 初版印刷
二〇二〇年 三 月二〇日 初版発行

著 者 戸矢学《とやまなぶ》
発行者 小野寺優
発行所 株式会社河出書房新社
〒一五一-〇〇五一
東京都渋谷区千駄ヶ谷二-三二-二
電話〇三-三四〇四-八六一一（編集）
〇三-三四〇四-一二〇一（営業）
http://www.kawade.co.jp/

ロゴ・表紙デザイン 粟津潔
本文フォーマット 佐々木暁
本文組版 有限会社マーリンクレイン
印刷・製本 中央精版印刷株式会社

Printed in Japan ISBN978-4-309-41739-4

ツクヨミ　秘された神

戸矢学　41317-4

アマテラス、スサノヲと並ぶ三貴神のひとり月読尊。だが記紀の記述は極端に少ない。その理由は何か。古代史上の謎の神の秘密に、三種の神器、天武、桓武、陰陽道の観点から初めて迫る。

三種の神器

戸矢学　41499-7

天皇とは何か、神器はなぜ天皇に祟ったのか。天皇を天皇たらしめる祭祀の基本・三種の神器の歴史と実際を掘り下げ、日本の国と民族の根源を解き明かす。

応神天皇の正体

関裕二　41507-9

古代史の謎を解き明かすには、応神天皇の秘密を解かねばならない。日本各地で八幡神として祀られる応神が、どういう存在であったかを解き明かす、渾身の本格論考。

日本人の神

大野晋　41265-8

日本語の「神」という言葉は、どのような内容を指し、どのように使われてきたのか？　西欧のGodやゼウス、インドの仏とはどう違うのか？　言葉の由来とともに日本人の精神史を探求した名著。

隠された神々

吉野裕子　41330-3

古代、太陽の運行に基き神を東西軸においた日本の信仰。だが白鳳期、星の信仰である中国の陰陽五行の影響により、日本の神々は突如、南北軸へ移行する……吉野民俗学の最良の入門書。

日本人の死生観

吉野裕子　41358-7

古代日本人は木や山を蛇に見立てて神とした。生誕は蛇から人への変身であり、死は人から蛇への変身であった……神道の底流をなす蛇信仰の核心に迫り、日本の神イメージを一変させる吉野民俗学の代表作！

大化の改新

海音寺潮五郎　40901-6

五世紀末、雄略天皇没後の星川皇子の反乱から、壬申の乱に至る、古代史黄金の二百年を、聖徳太子、蘇我氏の隆盛、大化の改新を中心に描く歴史読み物。『日本書紀』を、徹底的にかつわかりやすく読み解く。

天平の三皇女

遠山美都男　41491-1

孝謙・称徳天皇として権勢を誇った阿倍内親王、夫天皇を呪詛して大逆罪に処された井上内親王、謀反に連座、流罪となりその後の行方が知れない不破内親王、それぞれの命運。

皇室の祭祀と生きて

髙谷朝子　41518-5

戦中に十九歳で拝命してから、混乱の戦後、今上陛下御成婚、昭和天皇崩御、即位の礼など、激動の時代を「祈り」で生き抜いた著者が、数奇な生涯とベールに包まれた「宮中祭祀」の日々を綴る。

日本の聖と賤　中世篇

野間宏／沖浦和光　41420-1

古代から中世に到る賤民の歴史を跡づけ、日本文化の地下伏流をなす被差別民の実像と文化の意味を、聖なるイメージ、天皇制との関わりの中で語りあう、両先達ならではの書。

天皇と賤民の国

沖浦和光　41667-0

日本列島にやってきた先住民族と、彼らを制圧したヤマト王朝の形成史の二つを軸に、日本単一民族論を批判しつつ、天皇制、賤民史、部落問題を考察。増補新版。

昭和天皇と鰻茶漬

谷部金次郎　41367-9

谷部は十七歳で宮内庁に入り、「天皇の料理番」秋山徳蔵の薫陶を受け、以後陛下一代の料理番となる。その苦心の数々と陛下への尊崇の念を綴る一冊。

性・差別・民俗

赤松啓介　41527-7

夜這いなどの村落社会の性民俗、祭りなどの実際から部落差別の実際を描く。柳田民俗学が避けた非常民の民俗学の実践の金字塔。

吉原という異界

塩見鮮一郎　41410-2

不夜城「吉原」遊廓の成立・変遷・実態をつぶさに研究した、画期的な書。非人頭の屋敷の横、江戸の片隅に囲われたアジールの歴史と民俗。徳川幕府の裏面史。著者の代表傑作。

ことばと創造　鶴見俊輔コレクション4

鶴見俊輔　黒川創〔編〕　41253-5

漫画、映画、漫才、落語……あらゆるジャンルをわけへだてなく見つめつづけてきた思想家・鶴見は日本における文化批評の先駆にして源泉だった。その藝術と思想をめぐる重要な文章をよりすぐった最終巻。

花鳥風月の日本史

高橋千劔破　41086-9

古来より、日本人は花鳥風月に象徴される美しく豊かな自然のもとで、歴史を築き文化を育んできた。文学や美術においても花鳥風月の心が宿り続けている。自然を通し、日本人の精神文化にせまる感動の名著！

藩と日本人　現代に生きる〈お国柄〉

武光誠　41348-8

加賀、薩摩、津軽や岡山、庄内などの例から、大小さまざまな藩による支配がどのようにして〈お国柄〉を生むことになったのか、藩単位の多様な文化のルーツを歴史の流れの中で考察する。

日本人のくらしと文化

宮本常一　41240-5

旅する民俗学者が語り遺した初めての講演集。失われた日本人の懐かしい生活と知恵を求めて。「生活の伝統」「民族と宗教」「離島の生活と文化」ほか計六篇。

民俗のふるさと

宮本常一　41138-5

日本人の魂を形成した、村と町。それらの関係、成り立ちと変貌を、ていねいなフィールド調査から克明に描く。失われた故郷を求めて結実する、宮本民俗学の最高傑作。

生きていく民俗　生業の推移

宮本常一　41163-7

人間と職業との関わりは、現代に到るまでどういうふうに移り変わってきたか。人が働き、暮らし、生きていく姿を徹底したフィールド調査の中で追った、民俗学決定版。

周防大島昔話集

宮本常一　41187-3

祖父母から、土地の古老から、宮本常一が採集した郷土に伝わるむかし話。内外の豊富な話柄が熟成される、宮本常一における〈遠野物語〉ともいうべき貴重な一冊。

辺境を歩いた人々

宮本常一　41619-9

江戸後期から戦前まで、辺境を民俗調査した、民俗学の先駆者とも言える四人の先達の仕事と生涯。千島、蝦夷地から沖縄、先島諸島まで。近藤富蔵、菅江真澄、松浦武四郎、笹森儀助。

山に生きる人びと

宮本常一　41115-6

サンカやマタギや木地師など、かつて山に暮らした漂泊民の実態を探訪・調査した、宮本常一の代表作初文庫化。もう一つの「忘れられた日本人」とも。没後三十年記念。

海に生きる人びと

宮本常一　41383-9

宮本常一の傑作『山に生きる人びと』と対をなす、日本人の祖先・海人たちの移動と定着の歴史と民俗。海の民の漁撈、航海、村作り、信仰の記録。

山窩は生きている

三角寛　41306-8

独自な取材と警察を通じてサンカとの圧倒的な交渉をもっていた三角寛の、実体験と伝聞から構成された読み物。在りし日の彼ら彼女らの生態が名文でまざまざと甦る。失われた日本を求めて。

サンカの民を追って

岡本綺堂 他　41356-3

近代日本文学がテーマとした幻の漂泊民サンカをテーマとする小説のアンソロジー。田山花袋「帰国」、小栗風葉「世間師」、岡本綺堂「山の秘密」など珍しい珠玉の傑作十篇。

サンカ外伝

三角寛　41334-1

サンカ作家三角寛の代表作。戦前、大日本雄弁会より刊行された『山窩血笑記』より、現在読めないものを精選して構成。初期三角が描くピュアな世界。

遊古疑考

松本清張　40870-5

飽くことなき情熱と鋭い推理で日本古代史に挑み続けた著者が、前方後円墳、三角縁神獣鏡、神籠石、高松塚壁画などの、日本古代史の重要な謎に厳密かつ独創的に迫る。清張考古学の金字塔、待望の初文庫化。

南方マンダラ

南方熊楠　中沢新一〔編〕　42061-5

日本人の可能性の極限を拓いた巨人・南方熊楠。中沢新一による詳細な解題を手がかりに、その奥深い森へと分け入る《南方熊楠コレクション》第一弾は、熊楠の中心思想＝南方マンダラを解き明かす。

南方熊楠

佐藤春夫　41579-6

同郷の熊野出身の博物・民俗学者・南方熊楠を紹介した初めての評伝。熊楠生誕百五〇年に、初めて文庫化。読みやすい新字新仮名で。